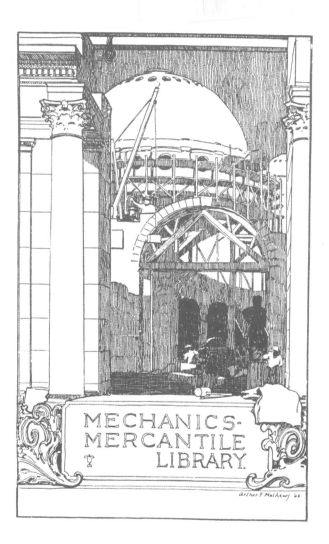

MECHANICS·
MERCANTILE
LIBRARY.

Arthur F. Mathews '06

Rogha Dánta / Selected Poems

Rogha Dánta / Selected Poems

Gabriel Rosenstock
Translations by Paddy Bushe

Cló Iar-Chonnachta
Indreabhán
Conamara

An Chéad Chló 2005
© Gabriel Rosenstock, bundánta
© Paddy Bushe, leaganacha Béarla
© 2005 Cló Iar-Chonnachta, an t-eagrán seo

ISBN 1 902420 95 0

Pictiúr clúdaigh: Mionsonra ó "The Organ at Notre Dame de Valere in Sion" le Cynthia Large.
Le cead an ealaíontóra.
Dearadh: Dean Bardouka

Bord na
Leabhar
Gaeilge

Tugann Bord na Leabhar Gaeilge
tacaíocht airgid do Chló Iar-Chonnachta

the arts
council
an chomhairle
ealaíon

Faigheann Cló Iar-Chonnachta cabhair airgid
ón gComhairle Ealaíon

Clóchur: Cló Iar-Chonnachta, Indreabhán, Conamara
Teil: 091-593307 **Facs:** 091-593362 **r-phost:** cic@iol.ie
Priontáil: Clódóirí Lurgan, Indreabhán, Conamara
Teil: 091-593251/593157

Clár / Contents

An Tíogar ó Bheangál

Is filíocht dhomhanda í filíocht Gabriel Rosenstock. Nó b'fhéidir gur chirte dom a rá gur filíocht de chuid an domhain í. Mar a dúirt Samuel Johnson fadó, leathnaíonn an fhadfhéachaint amach chun staidéar a dhéanamh ar chomharthaí sóirt an chine dhaonna ón tSín go Peiriú: 'observation ... with extensive view surveys mankind ... ' Cuimhním, fós, ar na hairneáin oíche a dhéanadh Rosenstock nuair a bhíomar inár gcomh-mhic léinn i gColáiste na hOllscoile, Corcaigh. D'fhanadh sé ina chodladh an chuid is mó den lá agus d'éiríodh sé sa tráthnóna i gcomhair phléarácha na hoíche. Roinn sé féin agus Sasanach iontach neamhghnách, Roderic Campbell, árasán eatarthu ar an airde aoibhinn sin atá go hard os cionn chathair Chorcaí ar a dtugtar Montenotte (Ard na hOíche sa Ghaeilge). Bhí radharc ó na fuinneoga cuimsitheacha thar na dugaí thíos, na báid, na monarchana agus deilt ghabhlánach Abha na Laoi ('the Lee's divided flood', mar a dúirt Edmund Spenser). Timpeall a naoi a chlog nó mar sin thagadh Rosenstock chuige féin agus bhímis ag déanamh comhrá agus cúitimh lena chéile ón uair sin go dtí coim na hoíche, ag éisteacht lena chéile agus sinn ag faire anuas ar an solas ó na lampaí buí thíos ag neartú agus an dorchadas ag dul i láidreacht.

Oíche amháin, is cuimhin liom, d'éirigh Rosenstock an-chorraithe ar fad agus é ag cur síos ar an dtíogar ó Bheangál. Ní raibh aon ní eile ar domhan, a dúirt sé, níos tábhachtaí ná an tíogar ó Bheangál agus a stríoca chomh buí leis an solas ó na lampaí thíos fúinn. Ba é Blake fé ndear na smaointe seo, ach taobh thiar díobh chomh maith bhí an Búdachas, Jack Kerouac, Gary Snyder agus fuinneamh tarchéimniúil chósta thiar Mheiriceá. Bhí sé sáite i Freud, Nietzsche agus Kant; sna haistriúcháin a rinne Arthur Waley ón tSínis; in Ezra Pound; sna hOsréalaithe agus sna Dádaistigh; agus i bhfilíocht Eoghain Rua Uí Shúilleabháin, Aogáin Uí Rathaille agus Sheathrúin Chéitinn. Léigh sé *Leabhar na Marbh* na Tibéide; rinne sé staidéar ar an draíocht; agus bhí dealramh áirithe ina ghnúis a thug le fios go raibh sé lándáiríre faoi na feachtais éagsúla seo. Má b'ionann Roderic Campbell agus Gerard de Nerval (agus b'ionann: bhíodh sé go minic ag caint go héadmhar faoin tslí a mbíodh gliomach ar téad ag de Nerval agus é ag spaisteoireacht leis ar shráideanna Pháras), ba é Rosenstock an Arthur Rimbaud aige.

Oíche amháin ráinig Campbell doras ár dtí (is é sin le rá tigh mo mhuintire féin i gCorcaigh) agus d'oscail mo mháthair bhocht (go dtuga Dia suaimhneas di) an doras dó; féach cad a bhí roimpi ach Campbell groí, culaith dhubh fhoirmeálta thráthnóna air, agus coinneal chéarach ar lasadh ar bharr a hata ard caol dubh.

B'in cathair Chorcaí sna seascaidí; agus bhíomar go léir inár mic léinn ag sármhúinteoirí san Ollscoil: Seán Ó Tuama, Seán Lucy agus Seán Ó Riada – an Triúr Seán mar a thugtaí orthu. Agus iad ag déanamh léinn le daoine óga mar Eoghan Harris, Tomás Ó Murchadha, Michael Davitt, Nuala Ní Dhomhnaill, Liam Ó Muirthile, Campbell, Killian O'Donnell agus, ar ndóigh, Rosenstock féin. Is faoin tráth seo a tháinig *INNTI* ar an saol, ach roimh *INNTI* bhí iris eile, *Motus*, Campbell ina eagarthóir air; agus mórbhileoga ó phreas leis an dteideal iontach The Burial Weather Press. Ach ag trácht ar *INNTI*, b'éacht í an iris úd, a thug filíocht na Gaeilge lom díreach isteach i racán agus borradh na linne sin.

An tíogar ó Bheangál. Cé go raibh roisc shuaite Rosenstock faoin ainmhí míorúilteach seo beagáinín trína chéile, mar sin féin, mar chúlra ar na rithimí rapsóideacha seo uaidh, bhí a dhearcadh féin aige ar fhuinneamh dochuimsithe na beatha. Dá ndéanfá comhbhá le sampla seo na beatha, an tíogar, rachfá i dteangmháil leis an bhforneart neamhtheoranta gur de an tíogar, ina steillbheatha féin. Is í an chomhbhá seo, an neart samhlaíochta a chomh-mhaireann le gach uile ní, grinneall agus bunús an domhain a thugann Rosenstock ar an saol. Ba é a bhí ar bun aige an tráth úd sna seascaidí; agus is é atá ar bun aige go fóill.

Sa dán suaithinseach sin 'Xolotl', a chuireann os ár gcomhair aigéan ollmhór an fhuinnimh neamhchuimsithe, díríonn an file isteach ar shúil laghairte bige, agus í ag sméideadh: is é atá romhainn ná eisiompláir den rud míorúilteach ag titim amach i measc na ngnáthrudaí. Agus is é atá déanta ag an bhfilíocht ná an gnáthrud féin a dhéanamh neamhghnách, stróinséartha:

Laghairt thall
a chaoch
súil orm
nach iontach
an oiread sin
fuinnimh á ghiniúint
is á ídiú
ar domhan
gach milleasoicind.

Nach iontach, ar ndóigh, conas mar atá an saol ag borradh le fórsa nach n-ídíonn choíche. Sa chéad mhír eile den dán tiontaíonn Xolotl, an draoi Aisticeach, ina ghuth sa bhfásach, agus ansan arís ina néal os cionn iath Éireann, agus arís eile ina réalt oíche ag glinniúint sa duibheagán os cionn an oileáin uaithne sin san aigéan Atlantach. Sa bhfigiúr seo baineann Rosenstock úsáid as an scéal i dtaobh Amergin, file ársa na hÉireann, scéal i dtaobh an chaoi a nasctar le chéile an fhilíocht féin agus cruth agus déanamh agus urlabhra, agus conas a thagann siad ar an saol. Aistríonn sé scéal Amergin go Meiriceá Láir na nAisticeach agus ansan filleann sé ar ais ar Éirinn arís i rothaig dhána shamhlaíochta. Tá ionannas ag feidhmiú trí gach uile rud, ach ní shéantar na sonraí éagsúla agus an éagsúlacht a roinneann le gach ní sa saol. Fís seo an nasctha idir an rud beag sainiúil agus an t-ollaontas mór, sonraítear í go grástúil sa dán 'Giorriacha'. Tá na hainmhithe beaga ag bogadh sna dumhchaí gainimh, agus is é atá i gceist anseo ná an bheatha féin, an stró agus an dul amú, agus gach aon ní a thagann ar an saol:

Leánn ár n-imlínte arís
Is gaineamh sinn
Is réiltíní
Taoide aife.

Ní gá imní: níl sa bheatha féin ach corraíl i measc ghluaiseachtaí móra Bhealach na Bó Finne. Ach arís, agus is ceart nach ndeintear dearmad air seo, ní chuirtear ar ceal an gnáthrud daonna; is é a dheintear sa bhfilíocht seo ná an rud cóngarach a shamhlú i gcomhthéacs na hainmhéide móire.

An bua seo atá ag Rosenstock, go bhfuil sé in ann an rud cóngarach a thabhairt romhainn sa chomhthéacs mór neamhtheoranta, is é seo a neartaíonn a dhánta grá. Cuirtear an dá ghné seo, an rud ansa, cóngarach, agus an comhthéacs ollmhór, le chéile in anghrá agus cumha an dáin 'Ceacht Eolaíochta':

Cad d'imigh ar an turgnamh?

An ealaí dúinn tosnú as an nua?

Cad a tharla dúinn? An féidir tosnú arís? Agus ansan tagann an freagra. Síothlaíonn an leannán fir ina ghrá, agus gintear, as an síothlú, cruth nua, beatha nua:

Agus mé ag síothlú ionat
Ginfear teas chomh mór sin
Go gcriostalód ionat:
Ag gabháil crutha ionat
Ag teacht is ag imeacht ionat,
Ann agus as gach re seal
Ag déanamh aitill agus aoibhnis ionat
Go ndriogfar an fíorbhraon.

Tá sé, d'fhéadfá a rá, innti. Tá an leannán mná ann, ceart go leor; is bean í ach, ag an am céanna, tá i bhfad níos mó i gceist: is í an fhoinse í, an mháthair mhór. Agus is í an traidisiún í chomh maith.

An tóir seo ar dhul i dteangmháil leis an dúchas, na traidisiúin, ba chuspóir í a bhí forleathan sna seascaidí agus sna seachtóidí. Tá sé le sonrú in Ó Riada, i Thomas Kinsella agus i Seamus Heaney. Agus fós, is ceist mhór í ceist seo an dúchais fé láthair, fad is atáimid ag iarraidh teacht ar thuiscint éigin faoi thraidisiún, féiniúlacht, agus a leithéid. Nuair a chuir Rosenstock na ceisteanna seo roimhe, agus nuair a dhírigh sé ar an dtóir seo ar cad is traidisiún ann, agus cén t-ionracas a bheadh ag baint leis i saol iaradamhach, bhí sé tógtha le fiúntas na ceiste seo agus sinn i gcónaí ag scarúint ón nádúr, ón dtraidisiún, ón bhfoinse. Agus is é a chuireann sé roimhe, mar fhile, ná nasc a chruthú idir spiorad aonaránach an tsaoil i ndeireadh saoil agus an Ghaeilge, Zen, na hAisticigh, Kerouac agus an tíogar ó Bheangál. Is é a chuireann sé roimhe ná an rud ceannann céanna a chuir Platón roimhe sa *Timaeus*: na ciorcaid atá réabtha, briste a dheisiú trí dhíriú ar aontas mór na huile. Bheith i láthair, trí fhórsa na filíochta, ionas go nasctar arís an ciorcad atá briste. Is ceo draíochta í an fhilíocht ina ndeintear slánú ar na naisc atá amú. Is éacht dóchais atá á dhéanamh ag Rosenstock, éacht dóchais as an dúchas agus as an domhan féin.

Robert Welch, Cúil Raithin, Iúil 2005

The Bengal Tiger

Gabriel Rosenstock's poetry is world poetry. Observation here, as Samuel Johnson said, has an 'extensive view' and 'surveys mankind, from China to Peru'. I recall, when we were students together at University College, Cork, Rosenstock's night vigils. He would often sleep much of the day and awaken for the stimulation of night-time. He and an extraordinary Englishman, called Roderic Campbell, shared a flat high over Cork city, up on Montenotte, with a view over the docks and the forked delta of the River Lee, its 'divided flood' (Spenser's phrase). There, Rosenstock would come to life from about nine o'clock onwards, and we would talk and listen to each other, looking down on the intensifying yellow light of the sodium lamps as night would fall.

One night, in particular, I recall Rosenstock becoming incandescent with feeling as he spoke about the Bengal tiger. Nothing in the world, it seemed, was as important as the Bengal tiger, its stripes yellow as the sodium glare beneath us. Blake was, of course, behind this, but also Buddhism, Jack Kerouac, Gary Snyder, the transcendental energies of the American west coast. He was immersed in Freud, Nietzsche and Kant; the translations from the Chinese of Arthur Waley; Ezra Pound; the Dadaists and the Surrealists; and the poetry of Eoghan Rua Ó Súilleabháin, Aogán Ó Rathaille and Geoffrey Keating. He read the Tibetan *Book of the Dead*, studied magic, and there was an iron gleam in his eye that gave you to understand that he was dead serious about all of this. He was a kind of Arthur Rimbaud to Campbell's Gerard de Nerval: indeed Campbell often talked with fierce admiration and longing about how de Nerval would promenade through the Parisian streets with a lobster on a leash.

Once, Campbell arrived at my front door, opened by my poor unsuspecting mother, to be confronted by a creature dressed in full evening wear, sporting a top hat, with a lighted candle stuck on the top of it.

That was Cork in the late 1960s: brilliant teaching at the University from Seán Ó Tuama, Seán Lucy and Seán Ó Riada; and amazingly talented students in the personages of Eoghan Harris, Tomás Ó Murchadha, Michael Davitt, Liam Ó Muirthile, Nuala Ní Dhomhnaill, Campbell, Killian O'Donnell and, of course, Rosenstock. It was the time when the journal *INNTI* was born, that remarkable achievement which, at one daring move, took poetry in Irish into the full tumult and excitement of contemporary reality. However, before *INNTI* there was a roughly-bound journal called *Motus*, edited by Campbell, and broadsheets from the exotically-titled Burial Weather Press. Its epigraph was:

> how dead the day
> and how becoming
> to the serious and soft
> the dead in burial weather

This was by, I think, Killian O'Donnell.

The Bengal tiger. Although Rosenstock's rhapsodic evocations of this wondrous creature were a little inchoate, nevertheless at the back of them was a sense of the limitless and fiery energy of being, and that to extend an imaginative capability to this animal was to share in the flow of the force field of which it was a beautiful instance. This sharing, this extension of imaginative sympathy underlies everything that Rosenstock thought and wrote then, and thinks and writes now.

In the remarkable poem 'Xolotl', itself an evocation of the force field of being as eternal and unremitting energy, he focuses on a lizard's eye, closing, an instant of intense miracle in the utterly ordinary, now become entirely strange in the seeing capacity of the poem (Rosenstock as seer):

> Laghairt thall
> a chaoch
> súil orm
> nach iontach
> an oiread sin
> fuinnimh á ghiniúint
> is á ídiú
> ar domhan
> gach milleasoicind.
>
> That lizard
> blinked
> an eye towards me

incredible
the energy generated
and consumed
in the world
each millisecond.

Nach iontach: isn't it wonderful, indeed, how life palpitates with
energy eternally renewed? In the next section Xolotl, the Aztec magus,
becomes a voice in the wilderness, then a cloud over Ireland, and the
evening star shining above the green island in the Atlantic. Rosenstock
takes the primordial creation-song of Amergin from early Irish myth,
where poetry and the emergence into being of material form and
language are joined together, and translates it to Aztec Central America,
then back again in daring streaks of imaginative force.

All is one, but without any annulment of diversity. This vision of the
particular and immensity is captured beautifully in 'Giorriacha'
('Hares'), when the tiny animals stir in the sand-dunes and come to
represent the entire fire and fever of existence:

Leánn ár n-imlínte arís
Is gaineamh sinn
Is réiltíní
Taoide aife.

Our outlines dissolve again
We are sand
Distant stars
An ebb tide.

No need to fear: there is just a stir of life in the huge evolving shift
of the galaxies. But again, and this must be stressed, there is no neglect
of the human and the immediate, except that there is always the sense
of a backdrop of vast immensity. This capacity for seeing the immediate
in an immemorial context is what gives Rosenstock's love poetry its
power and sadness. The eroticism and plangency of 'Ceacht Eolaíochta'
('Science Lesson') is taken into this larger context with no diminution of
the physical and the intimate:

Cad d'imigh ar an turgnamh?

An ealaí dúinn tosnú as an nua?

What happened to us? Can it all be begun again? And then, here it comes; the lover dissolves into the beloved to become a new assembly of form, a new life:

> Agus mé ag síothlú ionat
> Ginfear teas chomh mór sin
> Go gcriostalód ionat:
> Ag gabháil crutha ionat
> Ag teacht is ag imeacht ionat,
> Ann agus as gach re seal
> Ag déanamh aitill agus aoibhnis ionat
> Go ndriogfar an fíorbhraon.

> As I drain into you
> It will generate such heat
> That I will crystallize in you:
> Crystal upon crystal
> Taking shape in you
> Coming and going in you
> Here and there, there and here
> Like sunshine between showers, until
> My very essence is distilled.

Tá sé, you might say, *innti*. He's in. The getting connected into her, whatever the her is: in this case a very physical presence, but also, too, the mother lode.

This concern to connect with whatever the traditions contained was very much a perception of the 1960s and 1970s: it is there in Ó Riada, in Thomas Kinsella, in Seamus Heaney. And it is, of course, still a major concern as we become ever more interrogative about concepts of identity, unity, tradition and so forth. And one of the driving factors in Rosenstock's quest was, and is, a sense that we are growing ever more different from the world of nature, from ideas of tradition, from continuity. As a poet, Rosenstock tries to enact a connection: with the world of Irish, the Aztecs, Zen, the Bengal tiger. It is, in a way, an attempt to repair the circuits that have blown or fused, just as Plato in the *Timaeus* spoke of philosophical thinking, the taxing of the mind to try and think holistically, as a means of healing what is broken in our consciousness.

Consciousness, by its nature, is broken: hence poetry, which tries through its magic to make what is dissevered whole again. Rosenstock writes in hope of a wholeness in the world, and he holds the doors of perception open for the particulars to come in so they may re-cohere into the unity that, he believes, inheres in them and which it is the action of his kind of poetry to restore.

And that seriousness of purpose underwrites all Rosenstock's poetic actions. That iron gleam in the eye was there because he meant what he said about our need to connect with the world of created being, the one sure salve for all our distress. Rosenstock's father was a doctor, and he is a healer too.

Robert Welch, Coleraine, July 2005

Rogha Dánta / Selected Poems

Portráid den ealaíontóir mar yeti

Tuirsíonn na Himáilithe mé ba mhaith liom
Tighín i gConamara
(Is clos dom nach dtiteann puinn sneachta ann)
An sean-nós a fhoghlaim
Bréidín a chaitheamh, móin a bhaint, piontaí a ól,
    dul ar an dól
Deir Sir Edmund Hillary nach ann dom
Ach tá rún agam labhairt ar Raidió na Gaeltachta
Agus é a bhréagnú (Cíbhí ciotrúnta).

Tuirsíonn na Himáilithe mé gan de chomhluadar agam
Ach naoimh istigh i bpluaiseanna (chuirfidís soir thú)
Nach labhraíonn le héinne
Ach le Dia amháin OM OM ó dhubh go dubh.
Tuirsíonn loinnir neamhshaolta na súl mé
Agus loinnir ghorm an oighir.
Ba mhaith liom Gaeilge a fhoghlaim go paiteanta
Bheith ar an gcéad Yeti riamh (agus an Yeti deireanach)
Ar fhoireann an Acadaimh Ríoga.

Dá mbainfinn féin amach trí mhíorúilt éigin
Inis aoibhinn Ealga
An nglacfaí liom
Nó an ndéanfadh monarcha éigin
De chuid Údarás na Gaeltachta
Cairpéad bán dem chuid fionnaidh?

Tuirsíonn na Himáilithe mé róghar do Neamh
Rófhada uaithi mo léir
Ní duine ná ainmhí mé is nárbh aoibhinn bheith
    slogtha ag an spéir.

A portrait of the artist as a yeti

The Himalayas wreck my head I'd like
A cottage in Connemara
(I hear there's no snow there)
To learn *sean-nós*
To wear tweed, cut turf, lower pints, draw dole.
Sir Edmund Hillary says I don't exist
But I'm going to go on Raidió na Gaeltachta
And make a liar of him (the cantankerous Kiwi).

The Himalayas wreck my head no company
Only saints in caves (they'd drive you to drink)
Who speak to nobody
Only God OM OM morning noon and night.
The weird eyes of them do my brain in
Like the blue light in the ice.
I'd like to learn Irish properly
To be the first ever Yeti (and the last)
On the staff of the Royal Irish Academy.

If by some miracle I made it
To Ireland's emerald shore
Would I be accepted
Or would some Údarás-funded
Factory in the Gaeltacht
Make white carpets from my fur?

The Himalayas wreck my head too near to Heaven
And – devil carry them – too far too
I'm neither man nor beast and I'd love the sky
    to swallow me.

Radharc

Lomnocht a bhís
ag cuardach do lionsaí tadhaill
is chromas síos
chun cabhrú leat
is bhís chomh gearr-radharcach sin
nár thugais faoi ndeara
nach aon mhionghlioscarnach
faoi chathaoir nó faoin mbord
a bhí á lorg agam
ach radharc éagsúil ort
is tú ar do cheithre boinn
mar ainmhí ar strae i gcoill
is ba dhóbair gur dí-dhaonnaíodh mé
ach gur tháinig do radharc chugat arís.

A view

You were stark naked
looking for your contact lens
and I bent down
to help you
and you, blind as a bat,
never even noticed
that it wasn't any little gleam
under chair or table
that was urging me on
but your strange new shape
crawling on all fours
like an animal lost in the woods
and the beast had almost broken out in me
when your sight was restored to you.

Ginmhilleadh

Pictiúr eile fós nár críochnaíodh
Fágtha ag Cézanne sa ghort
Lasmuigh d'Aix-en-Provence

Úlla caoine Cézanne ag lobhadh go mall
Cleití na n-éan géim
A gcruth is a ndath á dtréigean

Spéir Cézanne ag éirí modartha

Sileann an canbhás
Deora na beatha nár tugadh dó

Abortion

Yet another unfinished painting
Left by Cézanne in a field
Just outside Aix-en-Provence

Cézanne's mellow apples slowly rotting
The feathers of the game birds
Being drained of shape and colour

Cézanne's sky turning morose

The canvas sheds
The tears of its unlived life

Is mé an solas

Cé thú?
Is mé Khepéirí ar maidin
Rá um nóin
Is mé Atúm um thráthnóna.
Tríonóid an tsolais mé.
Níl sa doircheacht ach díth solais.
Is mé Khepéirí-Rá-Atúm
An ga a thollann Sí an Bhrú
An chéad drithle sa chéad fhuaim
An siolla lonrach deireanach.

Am Light

Who?
Khepri at dawn
Ra at noon
Atum at nightfall.
Trinity of light.
Dark is only light not there.
Am *Khepri-Ra-Atum*
Ray that penetrates mound of otherworlds
First spark of first word
Last shining syllable.

Leider

Is oth liom a rá leat
Nár thuigeas do dhán.
Seans gur orm féin an locht.
Thuigeas gach aon fhocal de.
Ní raibh puinn sa chomhréir
A chuir as dom, admhaím.
Bhí an rithim is an friotal mar a bhíonn
Ar na saolta seo … ar ndóigh.
Cén locht atá ar an tsaorvéarsaíocht?
Níl feidhm ag an dán díreach níos mó.

Ach an rud nár thuigeas i gceart ná seo:
Cad a thug ort é a scríobh an chéad lá?
Níl a rian ar an dán gur dhúisís i lár na hoíche
Allas ort, nó sceimhle, nó ríméad
Is nach mbraithfeá an talamh fút arís go brách
Go mbeadh do dhánsa ar phár
Agus glaoite ar ais go piachánach agat
Ar d'anam – Pilib an Gheataire –
A bhí scuabtha chun na firmiminte ar fán.

Apology

I'm sorry to have to say
That I didn't really get your poem.
Maybe the fault was my own.
I understood every word of it.
Nothing at all in the syntax
Threw me, I must admit.
Rhythm and expression, needless to say,
Were spot-on for the times we're in.
What's wrong with free verse?
Formality, after all, has bowed out.

But what I didn't quite get was this:
Why did you write it in the first place?
It carries no trace at all of midnight
Sweat, or terror, or exuberance
Nor of your being unable to touch base again
Until your poem was safely on paper
And you had hoarsely called back
Your soul, that, like a Daddy-Long-Legs,
Had gone cavorting high up in the firmament.

Vogelhaus

Níl fhios agam an mar seo a rugadh mé
Nó an amhlaidh nár theastaigh uaim bheith mór.
Is mé an t-abhac i gcúirt Montezúma,
Is trom é mo dhualgas: ár dTiarna a chur ag gáirí.
Is scil é. Ceardaí atá ionam
Dála gach n-aon eile: an saor cloiche,
An siúinéir, an seodóir, an saighdiúir, an saoi.

Is cruiteachán mé; ar a laghad ar bith ní gá dhom
Aghaidh a thabhairt ar pháirc an áir.

'Pé droch-chríoch atá i ndán duitse,'
A dúirt mo Thiarna liom, lá,
'Ní stróicfear do chroí as do chliabhrach –
Croí na spideoige atá ionat' – gháir sé –
'Ba mhasla do na déithe é!'

Na déithe! Tá a bport seinnte!
Nó sin an scéal is déanaí sa dúthaigh seo
Ag na stróinséirí … *hombres dios.*

Ní raibh aon ní uaimse riamh
Ach a bheith i bhfeighil na héanlainne –
An fiolar ríoga, an *quetzal* ildaite, na lachain stuama.
Ina áit sin ní mór dom racht gáire a bhaint as mo Thiarna,
Montezúma, grainc a chur orm féin,
Léim amscaí a thabhairt san aer
I m'éan martraithe.

Aviary

I don't know whether I was born like this
Or just never wanted to grow up.
Me? I'm the dwarf in Montezuma's court
With the onerous task of making my Lord laugh.
It's a skill. I know tricks of the trade
Like all the rest: clerical officer,
Tinker, tailor, soldier, philosopher.

I'm a hunchback; so at least
They won't conscript me.

'Whatever bad end you'll come to,'
Says my Lord one day to me,
'Your heart won't be torn from your breast.
It's a robin's heart you have' – laughing –
''Twould be an insult to the gods!'

The gods! They've had their day!
At least that's the latest around here
From the strangers ... *hombres dios*.

The only thing I ever wanted
Was to be in charge of the aviary –
The majestic eagle, the multi-hued *quetzal*, the canny
   duck.
Instead I must give my Lord a fit of laughing,
Distort my face for Montezuma,
And flap my arms in the air
Like a wounded bird.

Billie Holiday

D'fháiscis pian
as sárbhinneas
binneas
as sárphian
nuair a éigníodh thú in aois
do dheich mbliana dhuit
b'in an chéad tairne
i gcéasadh do chine is do bhanúlachta
is d'ealaíne
go dtí sa deireadh
gur scanraigh do ghuth féin tú,
a ainnir i sról.

Billie Holiday

You wrung pain
from the height of sweetness
sweetness
from the height of pain
when you were raped at the tender
age of ten
it was the first nail
in the crucifixion of your race, your womanhood
and your art
until at last
your own voice frightened you,
lady in satin.

Brahms

Bhainteá na bróga díot ag teacht isteach
Ar eagla go ndúiseofaí an líon tí –
Suanmhar síothach go lá!

Ba rógaire thú i measc cailíní aimsire
Ach an bhean ab ansa leat –
'Measc na lilí 's na mbláth –
Clara, baintreach Schumann,
Níor leagais uirthi lámh.

Chuiris olc ar do chairde
In Weimar, Hamburg agus Vín –
Thitis amach leat féinig, ní foláir.

Go mbeirse, a stór, gan tuirse, gan bhrón.

Ar leaba do bháis
Chaoin tú uisce do chinn.

Brahms

You would take your shoes off coming in
In case you'd disturb the house –
Suanmhar síothach go lá!

You were a boyo with the skivvies
But the woman you really cared for –
'Measc na lilí is na mbláth –
Clara, Schumann's widow,
You never touched her.

You alienated all your friends
In Weimar, Hamburg, Vienna –
You must have fallen out with yourself.

Go mbeirse, a stór, gan tuirse, gan bhrón.

On your deathbed
You cried your eyes out.

Loisceadh

Is iomaí péire bríste a dhóigh Moyshe-Leyb Halpern.
In ainm is a bheith ina ghlantóir
Agus ina iarnálaí a bhí Moyshe
Ach, an fear bocht, file ab ea é,
Línte véarsaíochta á n-aithris aige i gcónaí,
Á lúbadh, á líomhadh is á luathú
In áit díriú ar an jab –
An t-arán laethúil a thuilleamh.
Creatlacha sa tóir air de ló is d'oíche
Iad gáirsiúil glafaireach.
  Moyshe!

Cad a thabharfá ar dhuine den saghas sin?
Leibide?
Leathamadán?
Laoch?

Is dócha gur mheas sé, mo léir,
Nach é an treabhsar a bhí á dhó chuige
Ach a mheabhair. A chine is a theanga, *vey ist mir,*
A dhúchas á loisceadh arís is arís is arís eile.

Taom croí, sa deireadh, ba thrúig bháis dó.
Taom croí, leis, a bhuail a theanga.
  Moyshe!

Burning

Moyshe-Leyb Halpern burned umpteen pairs of trousers.
Supposedly a cleaner
And a presser, Moyshe
Was, in fact, poor man, a poet,
Forever trying out odd lines,
Shaping, and sharpening, and speeding them up
Instead of concentrating on the job –
Earning his crust.
Skeletons tormented him, lewd and loudmouthed.
  Moyshe!

What would you call the likes of him?
Hopeless?
Halfwit?
Hero?

I suppose he thought, *mo léir,*
That it wasn't the trousers were burning on him
But his mind. His race and his language, *vey ist mir,*
Being gutted over and over and over again.

It was a heart attack, in the end, that killed him.
A heart attack, too, his language suffered.
  Moyshe!

Tagpfauenauge

An mó saghas féileacán atá ann?
An mó speiceas atá tú in ann a ainmniú?
Bailitheoir féileacán ab ea údar *Lolita*.
Cá bhfuil an bhéim ar a shloinne siúd, Nabokov?
Ní *quiz* é seo.
Tá tábhacht éigin ag baint leis na ceisteanna seo.
Mé féin, chaithfinn mo chloigeann a thochas
faoi dhó chun trí nó ceithre speiceas a ainmniú
i dteanga ar bith.
Is cosúil, dá dheasca sin, go mbeidh sliocht
mo shleachta chomh dall ar fhéileacáin is atáim féin.
Ach má bhíonn duine acu thart
i gceann leathmhíle bliain
agus má thagann sé ar na línte eitleacha seo
cá bhfios ná go spreagfar é nó í
chun eolas a chur ar dhomhan na bhféileacán.
Mura ndúnfaidh siad a sciatháin idir an dá linn
siochta seargtha
an Ghaolainn agus na féileacáin.

Butterflies

How many kinds of butterfly are there?
How many species can you give a name to?
The author of Lolita collected butterflies.
Where does the stress fall on Nabokov?
This is not a quiz.
These are questions of some substance.
Myself, I'd have to scratch my head
twice to name three or four species
in any language.
So it's likely that my family's
family will be as blind to butterflies as myself.
But if any of them are around
in about half a millennium
and come across these fluttering lines
who knows, they might be stirred
into wandering the world of butterflies.
Unless, in the meantime, they have folded
their shrivelled, perishing wings:
Irish, that is, and the butterflies.

Dún do shúile

Sula gcromann an siorc
ar ionsaí a dhéanamh
athraíonn deilbh a dhroma,
cuireann sé cruit air féin.

Agus rón á threascairt
faoin uisce aige
dúnann sé na súile
ní i dtaobh gur gráin leis
feoil á réabadh
fuil á steancadh
ach chun na súile úd
a chosaint ar chnámha.

Dhúntása, leis, do shúilese …
claochlú na creiche
tagtha ar do cholainn
sula gcromtá ar mé a ghabháil,
léamh an daill á dhéanamh
go gasta agat
ar aibítir an aitis.

An uair fhánach anois a gcastar
ar a chéile sinn
is ar leathadh a bhíd –

Dún iad, dún.

Close your eyes

Before the shark
begins an attack
its back arches
becomes a hump.

When it rips apart
a seal underwater
it closes its eyes
not in distaste
of tearing up meat
or squirting blood
but to protect
those eyes against bones.

You, also, used to close your eyes ...
the transformation of the kill
spreading through your body
before you seized me,
taking a blind man's
quick reading
of the alphabet of pleasure.

The odd time now
we are thrown together
they are wide open –

Close them. Do.

Konzipierung

Rud éigin a scríobhas
agus nár chaith an Ghaolainn ar ais im phus é.
'Caithfidh tú teacht timpeall ar an gcoincheap sin
ar chuma éigin eile,' ar sí go borb.
'An focal "coincheap" féinig
táim go mór in amhras ina thaobh.
Is cinnte go bhfuil slite eile ann
chun an rud céanna a rá, más gá é a rá in aon chor.
Ná truailligh arís me,' ar sí,
'le Kant, le Schopenhauer is le Nietzsche.
Tosnaigh arís ón mbonn.
Tarraing meafar éigin chugat féin,
dreoilín, abair, nó dreancaid …'

Coincheap

Something I had written
and didn't Irish throw it back in my face.
'You'll have to get around that concept
some other way altogether,' says she gruffly.
'And even the word itself, "coincheap",
I have no great faith in it.
I'm sure there are other ways
to say the same thing, if it needs saying at all.
Don't be wrecking my head,' says she,
'with Kant, and Schopenhauer and Nietzsche.
Start all over again, from the top.
Grab a hold of some metaphor,
a wren, let's say, or a flea …'

Haiku

luaitear a ainm
agus siúd an crotal coille
ar fud na bhfud

dreacha
sa bhéilteach thine
is dual dóibh siúd athrú, leis

snag breac
ólann lán a ghoib
dá íomhá féin

bonnán ceo
beagán ar bheagán
an domhan ag dul as

margadh na míol in Valparaiso
clogad Gearmánach
is meirg air

ag scinneadh thar ghoirt na maidine
beireann ga gréine
ar mhún an ghiorria

Haiku

as soon as it's named
the lungwort scatters itself
all over the place

those faces
in the roaring fire
are also fated to change

a single magpie
swallows a beakful
of its reflected self

foghorn
little by little
the world fades away

the flea market in Valparaiso
a German helmet
is rusting away

skimming morning fields
a sunbeam highlights
a hare's urine

ceobhrán na maidine
piocann colúr
ar aiseag an druncaera

an ghrian os cionn na Himáilithe
ólann mo mhiúil
as an nGainséis

maidin sheaca
nochtann spideog a brollach
don saol Fódlach

éigrit ina seasamh i murlach
éadaí á mbualadh
ar leaca

ag bun na Croise
iompaíonn seilide fuilteach
ina bhúda

gaotha ag éag
cosán tréigthe sléibhe
go dtí an seanséipéal

in morning drizzle
a pigeon is picking at
a wino's vomit

the sun above the Himalayas
my mule is drinking
from the Ganges

frosty morning
a robin bares her breast
to the wide world

an egret stands in a lagoon
the squelch of clothes being washed
against slab rocks

at the foot of the Cross
a snail trailing blood
becomes a buddha

the wind abating
a deserted moutain path
to the old chapel

Hakuin

Triúr fear sa leabharlann.
An teas a thug isteach iad.
Duine acu ag míogarnach
an leabhar tite ar a ghlúine.
Boladh múin ón dtriúr acu.
Scuaine ag fanacht ar an Idirlíon a úsáid,
mic léinn Shíneacha den chuid is mó.
Dírbheathaisnéis Hakuin, manach Zen, atá uaim.
Aimsím sa deireadh í
i measc na leabhar garraíodóireachta –
tá an áit seo trína chéile.

Nach geall le manaigh iad ina slí féin iad an triúr?
Bocht. Díomhaoin.
Léim fé Hakuin ar thuirling saithe muiscítí air
is é i mbun rinnfheithimh.
Níor chorraigh sé.
Tar éis dó idir cholainn agus aigne a tharchéimniú
chuimil sé na muiscítí de féin
gur thiteadar go léir ina bpiotail mhíne ar an talamh fé.

Leabhair ag imeacht.
Leabhair ag filleadh go maolchluasach.

Ní dúil sa léann, sa ghaois, ná sa mhachnamh
a ghríosaigh mo thriúr
ach bheith istigh ón bhfuacht.

Hakuin

Three men in the library,
coaxed in by the heat.
One of them yawns
as wide as the book on his knees.
All three stinking of piss.
A queue for the Internet,
mostly Chinese students.
I'm looking for Hakuin's autobiography, the Zen monk.
I find it eventually
among the gardening books –
this place is in a fierce *rírá*.

Aren't the three a class of monks themselves?
Mendicant. Idle.
A swarm of mosquitoes, I read, settled on Hakuin
while he was meditating.
He never stirred.
Having transcended mind and body
he stroked the mosquitoes off
and they fell from him as softly as petals.

Books going out.
Books coming back, dog-eared.

It was no *grá* for learning, or wisdom, or philosophy
that brought in the three buckos,
only to be inside from the cold.

Ní ciclipéidí, úrscéalta, nuachtáin ná filíocht atá uathu
ach bearradh gruaige, bearradh féasóige
athrú éadaí cnis
focal sóláis
an beannú féin
babhla súip.

Cé hiad?
Ní maith liom stánadh orthu.
An bhfeicfear fós i bpáirc phoiblí iad
ag léamh na haimsire
ar theacht na dea-uaine?

Níl faic na ngrást le rá agam leo.
Tá Hakuin, leis, ina staic. Balbh.

They don't want encyclopaedias, fiction, newspapers or
    poetry,
only a haircut, a shave
a change of underwear
a kind word
a greeting even
a bowl of soup.

Who are they?
I don't like to stare.
Will they be noticed yet in a public park
divining the weather
at an auspicious time?

I haven't a blessed thing to say to them.
Hakuin, too, is stumped. Struck dumb.

Giorriacha

Giorriacha ag pramsáil thar dhumhcha
B'in an méid
Ná bí buartha.

Leánn ár n-imlínte arís
Is gaineamh sinn
Is réiltíní
Taoide aife.

Giorriacha sa mhuiríneach
B'in an méid
Ná bíodh imní ort.

Hares

Hares cavorting over sandhills
That's all it was
Don't worry.

Our outlines dissolve again
We are sand
Distant stars
An ebb tide.

Hares in the marram grass
That's all it was
Don't be afraid.

Harry Thuillier Jnr (1964-1997)

Chonaicís an chruinne trí do lionsa:
gluaisrothar ag imeacht thar teorainn
faoi dhéin na síoraíochta –
éisc gheala ag beannú don mhaidin, gidh marbh,
lá margaidh i Vítneam –
urú gréine i Meiriceá Theas,
daimh ag filleadh ar an sráidbhaile
tar éis dóibh bheith ar fán le míle bliain –
lachain ar a dtriall ó thuaidh, lá mór,
an Búda ... tost cloiche ...
gluaiseacht ... neamhghluaiseacht ... luas ...
chonaicís blaoscanna
suthanna
mná nochta is iad faoi bhláth
agus scáthanna, nár lonrach iad!
an bheatha go léir a chonaicís-se, a Harry,
an bás, leis, á réalú dhuit
anois is choíche i seomra dorcha d'anama!

Harry Thuillier Jnr (1964-1997)

You were your own lens on the world:
a motorbike disappearing over frontiers
in search of eternity –
silver fish, although dead, gilding the morning
on a market day in Vietnam –
the sun eclipsed in South America,
oxen returning to the village
after straying for a thousand years –
ducks on the road to the north, a blustery day,
the Buddha ... the silence of stone ...
motion ... non-motion ... speed ...
you saw skulls
embryos
naked, blooming women
and shadows, how they glowed!
You saw all of life, Harry,
and death, too, revealing itself
now and forever in the darkroom of your soul!

Ómós

Níl aon chuid den eilifint
Nach n-itheann na pigmithe –
Sri Ganesha Namah!
Piocann siad amach an smior
Is alpann amh é
Sri Ganeshaya Namah!
Níl aon chuid den dufair
Nach gcritheann ag an treascairt
Sri Ganeshaya Namah!
Canann bás na heilifinte an bheatha:
Seo, déanaigí, a dhuilleoga, gairdeas
Is, a ghrian, ag saighdeadh tríothu
OM Sri Ganeshaya Namah!

Is geall le dia an eilifint
Is geall le sliabh
Is geall le toirneach
Iompraíonn a cuid starrfhiacla an domhan
Is a bhfuil ann
Sri Ganeshaya Namah!
Seo … ithimis agus ólaimis aisti
Seo é smúsach Dé
OM Sri Ganeshya Namah!

Homage

There's no part of the elephant
That the pygmies will not eat –
Sri Ganesha Namah!
They gouge out the marrow
And swallow it raw
Sri Ganeshaya Namah!
There's no part of the jungle
That doesn't quake at this downfall
Sri Ganeshaya Namah!
The elephant's death is the song of life:
Come, leaves, and celebrate
With the sun arrowing through you
OM Sri Ganeshaya Namah!

The elephant is like a god
Like a mountain
Like thunder
Its tusks bear the earth's weight
And all it contains
Sri Ganeshaya Namah!
Come … let us eat and drink of it …
This is the core of God
OM Sri Ganeshaya Namah!

Heimweh

Gealann an lá mar bhéar bán os cionn an locha.
Nach téagartha é an *kayak*
a ghluaiseann caol díreach mar bhradán
féach anois mé
mo thriall ar an mbaile.

Beidh sí romham ag an íoglú
raghaimid beirt isteach
lasfaidh sí an lampa
stánfad uirthi
cloisfidh sí an croí ionam ag leá.

Homesick

Dawn pads like a white bear over the lake.
How my sinewy kayak
arrows its way like a salmon!
And here's me
pointed for home.

She will be waiting at the igloo.
We will go inside,
she will light the lamp,
I will stare at her.
She will hear the heart inside me melt.

Agallamh

Cé dó a scríobhann tú?
Don ghlúin atá suas faoi láthair?
Do na glúine a thiocfaidh?
Duit féin?
Do Dhia?

Dóibh siúd go léir, admhaím,
Ach bím ag breacadh liom de shíor
Do na glúine a chuaigh romhainn
Agus na glúine sin nár tháinig
Agus nach dtiocfaidh ar an saol go deo.

Agus cé hiad na léitheoirí atá agat?
Gúrú na gCnoc … Cathal Ó Searcaigh.
Sin beirt. Éinne eile?
Tá club móidíní ar Úránas
(Tá sé chomh maith agam a admháil)
A bhíonn i dteagmháil liom go rialta:
Is breá leo an tuiseal tabharthach
Ach – aisteach go leor – níl a fhios acu ó neamh na néal
Cad is aidiacht shealbhach ann.
Spéisiúil …
Agus conas a chuimhneofar ort, dar leat?
Mar fhile?
Mar amadán d'amadáin Dé.
Gura míle.

Interview

Who do you write for?
For your contemporaries?
For future readers?
For yourself?
For God?

All, I must admit, of the above,
But I'm always jotting down bits and pieces
For readers who are dead
And for readers who never have
And indeed never will have been (if you follow me) alive.

And who are your readers?
The Magus of the Mountains ... Cathal Ó Searcaigh.
Just two? Are there more?
There's a fan club in Uranus
(I might as well own up).
They're big into the dative case
But – oddly enough – they haven't an earthly notion
What a possessive adjective is.
Interesting ...
And how do you expect to be remembered?
As a poet?
As a fool among God's fools.
Thanks.

Osclaím mo dhán

osclaím mo dhán do nithe geala
seo isteach oráistí, is caisearbháin,
míle fáilte
suígí síos
is beidh mé libh

tagann isteach im dhán
cuach álainn sneachta ina gob
fáilte

cad seo?
milliún galún gréine

osclaím mo dhán do gach a bhfuil
a mbeidh a raibh
a d'fhéadfadh a bheith
dearúd

seo chugam isteach
seanchat
cos colúir ina bhéal
(chaith a leithéid tarlú)
buail fút
seachain an chuach
tá sneachta ina gob

faigh spás duit féin ansin
idir
oráistí is caisearbháin
cad as a dtáinís chugainn, a sheanchait?
cá bhfuil an chuid eile den cholúr?

I open my poem

I open my poem to bright things
here come oranges, dandelions,
come in
take a seat
I'll be right with you

into my poem
comes a lovely cuckoo snow in its beak
welcome

what's this?
oceans of sunshine

I open my poem to all that is
that will be that was
that could be
bad move

here comes
an old cat
a pigeon's leg in its mouth
(shit happens)
sit yourself down
mind the cuckoo
it's got snow in its mouth

make room for yourself
between
the oranges and the dandelions
where are you from your catself?
where's the rest of the pigeon?

osclaím mo dhán do na dúile
idir bheo is mharbh is
tagann eidhneán isteach tugann
sé leis falla
titeann an falla ar an gcat
dán tragóideach é seo
ar shlí

áit éigin ar dhroim an domhain
tá falla ag titim ar chat
ar leanbh

osclaím mo dhán arís do nithe geala
ach níl aon ní fágtha

I open my poem to all the elements
alive and dead and
some ivy comes in trailing
its own wall
the wall falls on the cat
this poem is a tragedy
of sorts

somewhere in the world
a wall is falling on a cat
on a child

I open my poem again to bright things
but there's nothing left

Sprache

(…) Agus nuair a scríobhann Frank Corcoran
as Hamburg chugam
bíonn meascán iontach aige:
Gaeilge Thiobraid Árann
(tá's agam, níl sí ann níos mó)
Gearmáinis
Laidin Mhaigh Nuad
(tá's agam …)
Iodáilis
agus cúpla nóta ceoil ar an imeall
glissando stadach.
Tuigim dó.
Tá sé deacair aon ní le dealramh a rá inniu
– i dteanga ar bith –
issaki no kaki ku'u muku wo yurushi oku
mar a deir Yoshiko Yoshino

Language

(...) And when Frank Corcoran
writes to me from Hamburg
the medley is wonderful:
Tipperary Irish
(I know, it's extinct)
German
Maynooth Latin
(I know ...)
Italian
and a few marginal notes
of faltering *glissando*.
I know how he feels.
These days to say anything any way reasonable
is difficult in any language ...
issaki no kaki ku'u muku wo yurushi oku
as Yoshiko Yoshino might say

Barróg scoir

Táim i m'fhothrach agat
séideann an ghaoth tríom
fásann féar ar mo dhíon
ní neadódh ann, seal,
ach éan imirce
ar strae

fraighfhliuch
doirteann an ghealach
a gangaid orm

tamall uaim
seasann corr éisc ar garda
an francach uisce féin
ní bhogfadh amach anocht

ar ball beag
buafaidh an t-eidhneán –
barróg scoir

Last embrace

You have made a ruin of me
the wind blows right through me
grass clings to my roof
only the odd
migrant bird
would nest here, astray

my walls weep
the moon rains
bitterness down on me

outside
a heron stands sentry
even the water rat
would not brave this night

soon now
the ivy will take over
in a last embrace

Liadhain

(i)
Liadhain ...
Bhí fios agam di.
Mé Cuirithir.
Le Dia a leath dhíom
le Liadhain an leath eile

An leath dhíom ar le Dia í
is seasc, marbh

An leath is Liadhain
is bruithneach

I ndoire sea luíomar le chéile
ba gheall le cnó á oscailt é
is á chur im bhéal
ag crobh cailce dofheicthe

Siolla níor labhair sí
ach nuair a dhún sí a súile
ba léir di an sú
ag éirí sna crainn
gur chuala sásamh ársa na gcraobh

(ii)
Nuair a théann sí i bhfolach orm
chím gach áit í

Leanaim scáth an fhia
is an tseabhaic
líontar an doire lena héagmais

Liadhain

(i)
Liadhain ...
Knowledge flowed between us.
I am Cuirithir.
God goes halves in me
with Liadhain

God's share
is sterile, lifeless

Liadhain's
boils me alive

We lay together among oaks
it was like a nut being shelled
and placed in my mouth
by a creamy, invisible hand

She said nothing at all
but when she closed her eyes
she could see the sap
rising in trees,
hear the old fulfilment of branches

(ii)
When she hides from me
I see her everywhere

I follow the deer's shadow
and the hawk's
her absence flits among the oaks

(iii)
Nuair a dhúisíonn sí ar maidin
féachaim go domhain sna súile aici

Is tobar í
ina bhfeicim mé féin

ólaim asam féin

(iv)
Is í na gaotha í
an mhuir mheann –

An uile ní a chorraíonn
is nach gcorraíonn

Athrú i lár séasúir í
is í na ceithre ráithe í

Lá agus oíche is ea í
oíche agus lá

(v)
Codail anois, codail! Codail, a Liadhain,
ar d'adhartán caonaigh, codail go caoin …

Dá bhféadfainn, do thumfainn amach id shuan
d'fhonn bheith id thaibhreamhsa, a ghile, go buan.
I gcoim na foraoise is míshuaimhneach don torc
ach codail, is ná bíodh imní ort

(iii)

When she wakes in the morning
I look deep into her eyes

She is a well
that reflects me

I drink of myself

(iv)

She is all winds,
the middle of all seas –

Everything that moves
and does not

She is a change in season,
all the months of the year

She is day and night,
night and day

(v)

Sleep now, sleep! Sleep, Liadhain,
on your mossy pillow, sleep easy …

If I could, I would dive far into your sleep,
to be forever, bright one, part of your dream.
In the middle of the forest, the boar is restless,
but sleep now, easy in yourself

(vi)
Féach! Liadhain sa linn
is í ag snámh ar a droim
mirabile visu –
sí an ghealach í
stoirm réaltaí
A Chríost, ná tar i m'aice
A Mhuire Ógh, iompaigh do shúil

(vii)
Chun Dé
ní théann
mo phaidreacha
níos mó
Liadhain, Liadhain
ar bharr mo theanga

(viii)
A cruth sa scamall
a gáire san aiteall
dathanna a hanama is ea
an bogha síne

(ix)
Rógheal í mo chumann
mé im ghráinneog
a dhúisíonn maidin earraigh róluath
goineann an solas mo shúile

(vi)

Look! Liadhain in the pool,
swimming on her back
mirabile visu –
she is moon,
a star-filled storm
Christ, do not approach me
Virgin Mary, avert your eye

(vii)

My prayers
don't go
anymore
to God
Liadhain, Liadhain,
on the tip of my tongue

(viii)

Her shape in the clouds,
her laugh between showers
the rainbow
her soul's colours

(ix)

My beloved is dazzling
I'm like a hedgehog
waking too early on a spring morning
light hurts my eyes

(x)
Tormán easa i gcéin
ní stadann
scíth ní ghlacann
mo dhála féin
cúr mo bhriathra
san aer
blais de

(xi)
'Liadhain! Liadhain!' ag an abhainn dubh
'Liadhain!' an chuach sa ghleann
an maighre méith scairteann 'Liadhain!'
'Liadhain! Liadhain!' ag an eilit sheang

(xii)
Cíorann leoithní a folt án drúchtmhar
mé in éad leis na dúile …

(xiii)
Ach do shéid ina anfa oighreata
leagadh daracha
reoigh an scol i ngob an loin
bhúir tonnta uile Éireann

(xiv)
Níor liom mé féin níos mó
níor liomsa Liadhain ná a háineas
nocht Críost A chréachtaí –
ar mo shonsa, leis, a céasadh É.

(x)

A waterfall thunders far off
without pause
there's no relief
from the way things are
my words are foam
in air
taste it

(xi)

'Liadhain! Liadhain!' murmurs the dark river
'Liadhain!' calls the cuckoo in the valley
the plump salmon shouts out 'Liadhain!'
'Liadhain! Liadhain!' cries the slender doe

(xii)

Breezes comb her dewy hair
I am envious of elements

(xiii)

But an icy blast rose
uprooting the oaks
the blackbird's whistle froze in its beak
all the waves of Ireland wailed

(xiv)

My own self I had lost
lost Liadhain and her merrymaking
Christ bared His wounds –
for me, also, He was crucified.

(xv)
Ar leac seo m'urnaithe a chaillfear Liadhain
is mise i gcríochaibh aineoil

(xvi)
A Dhé! Tabhair le chéile arís sinn
naisc sinn – achainím ort – ar feadh aon oíche amháin
i bParthas róshoilseach na naomh

(xv)

On this, my slab of supplication, Liadhain will perish
and I in unknown territories

(xvi)

Dear God! Bring us together again
couple us – I beg you – for just one night
in the splendid Paradise of saints

Mar Ulchabhán

De dheasca na gcleití snáithíneacha aige
ní chloistear an ceann cait ar a thriall
ní fios cad as dá sheol
ní heol cá bhfuil a chuairt
is líontar le huamhan iad
feithidí is lucha na coillearnaí
roimh ghob, roimh chrobh seo na hoíche

Mar ulchabhán do thriall chugam
go taibhseach
gach oíche
ag piocadh asam –
dúisím de phreib
is ní bhíonn aon ní ann
aon ní in aon chor ag stánadh orm
ach iarracht de chuimhne éiginnte
ar bhlas póige
a éagann ar eite
ar an ngaoth

Like an owl

The streamlined feathers of the owl
ensure the silence of its approach
a silent glide between
one unknown and another
and the woodland mice and insects
are filled with terror
before this beak, this claw of the night

Like an owl you come to me
spectrally
nightly
tearing at me –
I waken, abruptly
and there is nothing
nothing at all staring at me
only the confused memory
of a kiss
gliding into obscurity
on the wind

Línte a scríobhadh le linn Chogadh na Murascaille, Eanáir 1991

(i)
Chleachtadh m'Uncail Wolf
cois farraige

na tonnta aontéamacha
gruaig liath scáinte

dordveidhleadóir aonair
ar a choimeád

ó shibhialtacht iarchogaidh
na Gearmáine

(ii)
Thagair sé
uair amháin

do bhean
a éigníodh
cúig uaire is fiche
as a chéile
tráth ionradh na Rúiseach
ar Bheirlín
laethanta deiridh an áir

is ansin a thuigeas
a dháimh leis an dordveidhil
  cois trá
foilmhe lomlán mhacallach na broinne
paitean cuar an adhmaid

Lines written during the Gulf War, January 1991

(i)
My Uncle Wolf practised
by the sea

the monotonous waves
sparse grey hair

a lone cellist
on the run

from post-war
Germany

(ii)
Just once
he spoke of

a woman
raped
twenty-five times
one after the other
during the Russian offensive
in the final days of the slaughter

it was then I understood
his empathy with the cello
  on the shore
the resonant hollowness of the womb
the curved sheen of the wood

(iii)
Dá mairfeadh sé míle bliain
bheadh cáitheadh mara fós ann
nach mbánófaí

suaitheadh i gcorplár na dtonn
nach gceansófaí
gráinníní gainimh i mbuanghéibheann

agus an corda athshlánaithe úd
nach n-aimseodh a bhogha in am.

(iii)

If he lived a thousand years
there would still be spume
that would not be erased

an agitation deep in the waves
that would not be tamed
grains of sand forever captive

and that redemptive chord
forever just beyond his bow.

An mhaenad

Tá crónán beach dostoptha ina broinn
Nach múchfar ach i dtonn bháite
Go coim

Seasann an mhaenad sa sáile
Rud doráite
Ina súile ar déanamh na halmóinne

Gortóidh sobal goirt a pit ata
Ar ball agus gáirfidh sí
Cúbfaidh tonnta óna fraoch

Titfidh líomóidí is oráistí ina mbáisteach
Léimfidh éisc ildathacha
Agus beifear ar fad ar aon dord

Níos déanaí
Nochtfaidh réaltaí as an gciúnas
Faoi mar nár tharla faic
Faoi mar a bheadh an chéad chruthú ann
Fáiscfidh sí smugairle róin lena gabhal

Maenad

In her womb she bears the constant sound of bees
That will be silenced only when a wave
Surges to her waist

She stands in the sea
Something unspeakable
In her almond-shaped eyes

Salt foam soon will sting
Her swollen vulva and she will cry out
The waves will shrink from her fury

Lemons and oranges will rain down
Rainbows of fish will arc from the water
And there will be one great humming

Later
Stars will appear from the silence
As if nothing had happened
As if this were the first of creation
She will clamp jellyfish between her thighs

Mord

Linn fola ar an gcosán
an limistéar criosaithe
ag téip bhuí.
Scannán a bhí ar siúl, mheasas-sa.
Meangadh deas ar bhéal an bhangharda,
saoránaigh ag dul thar bráid
dualgais throma orthu.
Fan, ní aisteoir é siúd. Sé an paiteolaí stáit é.

Cá raibh Críost nuair a tharla an sceanairt?
Cá raibh an Búda lách?
I gcroí an mharfóra a bhíodar
mar shúil is go saolófaí iad.

Murder

A pool of blood on the pavement,
the area girdled
with yellow tape.
It has to be a film.
The bangharda, smiling pleasantly
as citizens pass by
intent on their business.
But hang on, that pathologist is no actor.

Where was Christ during the stabbing?
Where was the gentle Buddha?
In the murderer's heart,
aching to be born.

Mustanbih

do Peter van de Kamp

Focal Araibise a chiallaíonn 'Beidiúnach a spreagann gadhair chun tafainn trí aithris a dhéanamh orthu, go háirithe agus é ar strae sa ghaineamhlach istoíche agus é ag iarraidh campa áitrithe – nó a champa féin – a bhaint amach'. Is minic nach gadhar ach Beidiúnach eile ar strae a fhreagraíonn é.

Ag amhastrach atáim le scór bliain
is tá macalla uaim – rud is annamh –
slogtha ag an bportach deireanach.
Uaigní mé ná an drúcht leamh a ólaim
d'fhonn is an piachán a mhaolú.
Is eol dom im chroí cársánach
gur i gciorcail gan chríoch atá mo shiúl
is dá n-admhaínn é
bhí sé chomh maith agam mo bhéal a dhúnadh
stánadh ar na réaltaí
go luífinn siar agus bás a fháil gan húm.
Fódla ní aithním.
Cuirtear i bpota iad
ainmneacha go léir na log is iad a bhruith
d'fhonn is nimh na neamhaithne
a fháisceadh as gach siolla goirt.
Gibiris ghlan a labhraíonn an lon.
Níl na luibheanna eolach ar a rúin níos mó.
Chuaigh Tadhg na Gealaí ar imirce.
Ní ghlanann an bháisteach mo chlúmh.
Ní thriomaíonn an dealán mé.
Cuireann gallán ar mo sheachrán mé
Ní chuireann Jónaí an Scrogaill ar m'eolas mé.
Dhearúdas fadó
na comharthaí ar cóir dom faire amach orthu.
I gCiarraí dheineas geonaíl im choileán
I dTiobraid Árann do labhair im mhac tíre

Mustanbih

for Peter van de Kamp

An Arabic word for a Bedouin who entices dogs to bark by imitating them, especially when he is lost in the desert at night trying to find a camp – perhaps his own camp. Often it's not a dog but another lost Bedouin who answers him.

I am giving voice now for twenty years
and my echo – a rare thing –
has been swallowed by the last bog.
I am more lonely than the tasteless dew I drink
to keep hoarseness at bay.
I know in my wheezing heart
that it's in endless circles I'm walking
and to tell the truth
I might as well have kept my mouth shut
stared long at the stars
and stretched out to die quietly.
My country is foreign to me.
Let them all be poured into a pot,
all those old place-names, boil them
until the poison of unfamiliarity
is drained from every bitter syllable.
The blackbird speaks pure gibberish.
Plants have forgotten their own secrets.
The Man in the Moon has disappeared overseas.
The rain doesn't cleanse my skin.
The sun after it doesn't dry me.
Stone alignments send me astray.
Nora-the-Bog can't show me the way.
I have long forgotten
what signs I must watch for.
In Kerry I whined like a pup,
in Tipperary I spoke like a wolf,

I gCill Dara im chú seilge
Im fhaolchú tláith ar an Teorainn.
I ngalfchúrsa i gCo. an Chláir
Chrom polaiteoir ar dhrannadh liom
Duine nach n-aithneodh claíomh Oscair –
Gearr na gColann –
Thar a mhaide gailf féin.
I bPort Láirge Thoir sreang dheilgneach
in airde ag Dúitseach agus fógra sa Sacs-Bhéarla
KEEP OUT!
Ar abhainntí beaga na Sionainne lobhann 3,000 iasc.
Chuala ní i nGleann na Smól
a chuir creathán tríom:
an Tálcheann is é ag spochadh faoi Oisín,
faoi Oisín mac Fhinn a shéan a dhul ar neamh
gan gadhar a dhílseachta fairis!
Streancán fidle i Liatroim a bhuair mo lionn.
Fuil bhroic ar bhóthar ag glioscarnach faoin ngealaigh.
Bean sí in Eachroim
ar thairseach ionad oidhreachta
a chíor mo chlúmh go cneasta:
'Óch – cén seachrán a d'imigh ort?'
Ligeas liú ar aill i gConamara.
An rón féin níor fhreagair.
Breallach a scaoil faoileán
anuas ar mo chloigeann
a chuir mearbhall seachtaine orm
gur chuas sa tóir ar chreatlach Chnú Dhearóil
an t-abhac aoibhinn do bhíodh ag Fionn
ceithre dhorn in airde ann!

in Kildare like a hunting beagle,
like a gentle hound at the Border.
At a golf course in Clare
a politician showed his teeth to me,
a man who wouldn't know Oscar's sword –
the Bodyslicer –
from his own golf club.
East of Waterford, a Dutchman strings barbed wire
and a sign in English barks
KEEP OUT!
Along the Shannon's tributaries 3,000 fish rot.
I heard a whisper in Glenasmole
that put the heart crossways in me:
Patrick, the Adze-Head, slagging off Oisín,
Oisín, son of Fionn, who spurned Heaven
without the faithful companionship of his hound!
A strain of fiddle music in Leitrim depressed me.
Badger blood glistened on a moonlit road.
A banshee in Aughrim,
at the door of a heritage centre,
combed my locks gently:
'Dear, dear, where did you end up?'
I whooped from a cliff in Connemara.
Not even a seal answered.
A clam dropped by a seagull
down on top of my head
drove me clean mad for a week
so that I went searching for Cnú Dearóil,
the lovely dwarf that Fionn owned,
all four fistfuls of him!

Ach ní sofheicthe ná dusta anois é
ná an bhrídeach bhídeach a fuarthas dó
Blánaid, a d'imigh as cuimhne Gael.

Nach aisteach í teanga seo an ghadhair
ná tuigeann na gadhair féin í!
Tuigid ... tuigid ... ach tá bodhaire Uí Laoire orthu.
Siúlód feasta ar gcúl go heireaball siar
glan amach asam féin
go dtí an áit úd a mbeidh Cnú
ag a bhfuil croí na bó, a chothrom féin croí,
ag cur na saolta chun suain
le gaothchleas na méar tric.

But he's just about dust now,
no more than the tiny bride they found for him:
Blánaid, forgotten by her own.

Bizarre, isn't it, this hound-language
that the hounds themselves can't follow!
Follow they could ... but they don't want to hear.
From now on I'll walk arseways
and out through my own tail
to where I'll find Cnú,
his heart as big as himself is small,
charming whole worlds to sleep
with airy trick-o'-the looping fingers.

In íoclann m'athar

Cúltortann gluaisrothar lasmuigh
Láithreach táim ar ais i gCill Fhíonáin.
Raidhfil ina ghlac
Ag m'athair romham san íoclann –
'An raibh t'athairse in Arm na Gearmáine?'
'Bhí ach dochtúir a bhí ann ... síochánaí ... '
'Chuala gur mharaigh sé suas le leathchéad Rúiseach!'
'Bréag – '
Méar ar an truicear, dúnann súil amháin.
Scréach ansin óm Mham; ach tá a guth i gcéin
Is níl aon tarrtháil
Dom féin ná don fhrancach ina phleist ar an urlár.
Sásamh agus alltacht ag satailt ar a chéile,
Mo shúile ar bior. Ní thuigim fós cén fáth
Ar fáiltíodh roimh an gcuairteoir seo le piléar.
Sábháil é! Tá cógais a théarnaimh anseo in aice láimhe.
Las an lampa fodhearg, oscail na buidéil!
Ródhéanach. Siúd romhat an t-éag.
B'in an chéad mharú
An chéad cheacht báis; m'athair a mhúin.

My father's dispensary

Outside, a motorbike backfires.
Straightaway I am back in Kilfinane.
Cradling a rifle
My father is in the dispensary –
'Was your father in the German Army?'
'Yes, but he was a doctor ... a pacifist ... '
'I heard he killed up to fifty Russians!'
'A lie – '
Finger on trigger, he closes one eye.
Mammy screams then; but her voice
Is distant, will save neither
Me nor the rat splattered on the floor.
Horror and satisfaction trip over themselves
As my eyes bulge. I still do not understand why
This visitor's welcome was a bullet.
Save him! Here's medicine for him right here.
Switch on the infra-red lamp, open the bottles!
Too late. Death lies before you.
That was the first killing
The first lesson in death; the teacher my father.

Go deo deo arís

Fear ann féin ab ea é a chónaigh leis féin, nár theastaigh uaidh caidreamh a dhéanamh le héinne – ná leis féin. Rud ba dheacair; gur labhair an fhiúise leis os íseal, is leoithne na maidine os ard. Má labhair, cluas bhodhar a thug seisean dóibh. Droim láimhe; gur rith as bia. Gan fágtha sa tigh ach ruainne cáise; gur tháinig luch; gur alp an cháis. 'Damnú ortsa' ná 'scread mhaidine' ní dúirt mo dhuine, gur labhair Dia leis; gur labhair an Diabhal leis. Cluas bhodhar a thug sé dóibh araon. Theith an Diabhal agus piachán ina sceadamán ó bheith ag cogarnaíl le mo dhuine ó dhubh go dubh. Agus Dia? Moladh go deo Leis, bhí Sé chomh tógtha leis an ealaín seo, go ndúirt go ndéanfadh Seisean aithris ar mo dhuine agus ná labharfadh arís le haon neach beo, choíche ná go deo.

Never again

He was a strange one, lived by himself, wanted nothing to
do with anybody – least of all himself. Difficult, because
the fuchsia spoke to him softly, and the morning breeze
loudly. Even so he ignored them. Turned his back on
them; ran out of food. Only a scrap of cheese in the house;
a mouse came; devoured the cheese. He never even once
effed or blinded the mouse, and God spoke to him; the
Devil spoke to him. Ignored them too. The Devil gave up
and went off hoarse from whispering day and night to
your man. And God? Fair play to Him forever, He was so
impressed with this act, He said He would take it up
Himself and never again speak to another living soul,
ever ever ever.

Cothú

An chéad dán dár scríobh Hugh MacDiarmid
In aois a haon déag nó a dó dhéag dó
Faoi ghráinneog:
Mar a réitíodh giofóga í
Á clúdach le láib
Á socrú go sámh sa ghríosach
Is nuair a bhaintí di an láib chruaite
Ba bhlasta mós súmhar an fheoil.
An Ghiofógais atá ar ghráinneog?
Parchywechy!
(Teideal a chéad dáin).

Sinne, filí na Gaeilge,
Giofógais í ár dteanga án,
Siollaí ag imeacht le fán:
Nach breá an ciúta seo, an chomhréir siúd
Nach suaithinseach an nath úd
Seo linn ina ndiaidh
Nó is priaclach ár ndán.

Ar strae ar shliabh dúinn, a bhráithre,
An gcothódh na briathra sinn in am an ghátair?
An dtiocfaimis, eadrainn, ar ábhar béile?
Siúráilte. D'íosfaimis (amh) a chéile!

Nourishment

Hugh MacDiarmid's first poem
When he was about eleven or twelve
Was about a hedgehog:
How gypsies used prepare it
Coating it with mud
Laying it gently in the embers
And when the baked mud was cracked off
The meat was tender, even juicy.
The Romany for a hedgehog?
Parchywechy!
(The title of his first poem).

We poets in Irish,
Our illustrious language is Gypsy,
Syllables forever going astray;
Savouring this sally, that syntax,
The other distinctive note.
We tear after them
Unsure of our poetry's future.

Astray on a hillside, brethren,
Would we live on our words in lean times?
Would we, between us, concoct a meal?
Too right we would. We'd eat each other. Raw.

Mé an mhuir mhór

Mé an mhuir mhór
Lag trá ní heol dom.
Ní feasach dom a leath dá snámhann ar mo ghrinneall
Ainm agam níl fós ar na sceirí ná ar na hoileáin go léir
A bhreacann mo chraiceann
Ach is eol dom go mbaistfear iad.
Taiscim chugam féin cistí na gceannaithe agus na
    bhfoghlaithe
A chuaigh go tóin poill:
Poirceallán, giní óir, ionstraimí loingseoireachta.
Gan trácht ar nithe neafaiseacha: buidéil, scátháinín mná,
Píopa mírseáim … ná labhair liom ar raic!
Anfa ná calm ní deoranta dom.
An peileacán, an t-albatras, an gainéad …
Aoibhinn liom a nglór is a nósmhaireachtaí
Éiríonn trí mo chuid uiscí fuara an míol mór chun
    aer a ghlacadh
Is filleann orm arís.
Canann na rónta suantraí ghoirt dhom
Damhsaíonn na gliomaigh dhom
Léimeann éisc eitilte dhom

Amharcaim ar réaltaí trí na milliúin súile
Féachann siadsan ar ais ormsa
Sinn araon ar snámh sa tsíoraíocht …

Inné, áfach, nochtas cár radaighníomhach
Agus ar maidin d'aiseagas ola ar thrá.

Ocean

I am the ocean
That knows no ebb.
I do not know what creatures plumb my depths.
I cannot name the reefs and islands
That stipple my skin
But I know they will be given names.
I hoard the treasure of the merchants and pirates
Who sank without trace:
Porcelain, golden guineas, instruments of navigation.
Not to mention the gewgaws: bottles, vanity mirrors,
Meerschaum pipes ... talk about wrack!
Neither storm nor calm is foreign.
Pelican, albatross, gannet ...
I love their voices, their habits.
Whales rise through my cold waters to inhale
And descend through me again.
Seals sing salty lullabies to me
Lobsters dance for me
Flying fish leap for me.

I observe the stars through millions of eyes.
They stare back down at me.
We are all awash in timelessness ...

Yesterday, I bared radioactive teeth
And today I vomited oil onto a beach.

Papaji

Agus é ag fáil bháis
Arsa Papaji:
'Cá bhfuil an Búda?
Tugtar isteach é! Tugtar isteach é!'
Siolla ar bith eile uaidh
Níor chuala na deisceabail.
Ar tháinig an Búda isteach?
Conas a thiocfadh?
Ní raibh sé riamh as láthair

Papaji

On the point of death
Papaji said:
'Where is the Buddha?
Bring him in! Bring him in!'
The disciples heard
Not one more syllable from him.
Did the Buddha come in?
How could he?
He was never not there.

An Pápa Siobhán

Is mé an Pápa Siobhán – go bhféacha Dia anuas orm –
Tá m'ionú tagtha. Stróicfear an leanbh as a chéile.
Mise mar an gcéanna.
Breacfaidh ár n-ionathar
Sráideanna na Róimhe.
Cheana féin tá na gadhair ag líreac a mbéil.
Stróicfear leanaí as a chéile
Éigneofar, loiscfear, báfar.
Is mé Siobhán. Corraíonn an bás im bhroinn.

Pope Joan

I am – God protect me – Pope Joan.
My time has come. The infant will be torn to pieces.
As will I.
Our entrails will spatter
The streets of Rome.
Already the dogs are licking their lips.
Children will be dismembered.
Rape, burnings, drownings will abound.
I am Joan. Death stirs in my womb.

Sciathán cosanta
do Francisco X. Alarcón

Dhómar an tsáiste aréir
d'ólamar *tequila*

thuirling fiolar mara
ar aigéan an anama
rug leis ina dhá chrobh
an bradán feasa

féach an fhirmimint
ar maidin

aon sciathán amháin

Protective wing
for Francisco X. Alarcón

We burned sage last night
drank tequila

a sea eagle swooped
on the soul's ocean
carried off in its talons
the salmon of knowledge

and the firmament
this morning

is one huge wing

An rud is annamh

Clocha sneachta
Ag titim ar fhear gorm
Trasna an bhóthair uaim,
Sráid Fhreidric Thuaidh.

Uaireanta bíonn an saol mar sin –
Dubh is bán

Ach is annamh é.

Rarity

Hailstones
Flickering on a black man
Across the road
In North Frederick Street.

Sometimes the world can be seen
In black and white.

But rarely.

Ceacht eolaíochta

rian bric ar abhainn
rian éin ar chraoibh
rian fir ar mhnaoi
    – na trí rudaí is neamhbhuaine amuigh
         tré Gaelach

Imíonn siúcra as radharc in uisce
Tuaslagáit is ea an siúcra.
Tuaslagóir is ea an t-uisce.

Theastaigh uaim dul as ionat.
Ach táim ann i gcónaí.
Soladach. Criostalach. Bán.
Dothuaslagtha.

Cad d'imigh ar an turgnamh?

An ealaí dúinn tosnú as an nua?

Agus mé ag síothlú ionat
Ginfear teas chomh mór sin
Go gcriostalód ionat:
Criostal ar chriostal
Ag gabháil crutha ionat
Ag teacht is ag imeacht ionat,
Ann agus as gach re seal
Ag déanamh aitill agus aoibhnis ionat –
Go ndriogfar an fíorbhraon.

Science lesson

a fish's trace on a river
a bird's trace on a tree
a man's trace on a woman …
    – the three most impermanent things
                        Irish triad

Sugar disappears into water.
Sugar is a solute.
Water is a solvent.

I wanted to dissolve in you.
But here I am still.
Solid. Crystalline. White.
Insoluble.

Where did the experiment go wrong?

Have we the genius to begin again?

As I drain into you
It will generate such heat
That I will crystallize in you:
Crystal upon crystal
Taking shape in you
Coming and going in you
Here and there, there and here
Like sunshine between showers, until
My very essence is distilled.

95

ScnØd: míniú

Sklog is ainm domsa.
Táim ag tarraingt ar 90 bliain d'aois.
Trillis an teanga a fuaireas ó mo mháthair.
Táimse ag labhairt isteach i meaisín.
Níl scríobh na teanga agam.
Ní raibh aibítir scríofa riamh againne.
Nuair a chaillfear mise
Caillfear an Trillis.
Níl sí ag éinne a thuilleadh.
Ach cuirfear an píosa cainte seo
Ar fáil do na glúine a thiocfaidh
Más mian leo éisteacht leis.
Tá focail againn sa Trillis
Agus cheapfainn nach mbeidís ag mórán eile.
ScnØd, cuiream i gcás.
Sé is brí le ScnØd ná ... bhuel, is scéal fada é ...
Tá crann ann ar a dtugtar an ko-eewa.
Ní bhláthaíonn sé ach uair amháin i dtréimhse 20 bliain –
Blátha áille dearga.
Bláthaíonn sé agus ansin titeann na blátha an tráthnóna
    céanna.
Is féidir saghas tae a dhéanamh as na duilleoga
Ar leigheas é ar scamaill chorcra san intinn.
Anois, is é is brí le ScnØd ná seo:
Samhlaigh éirí na gréine ina laomluisne ar fhíor na spéire.
Féachann tú amach agus tá an ko-eewa faoi bhláth!
Tosnaíonn tú ar dhamhsa beag a dhéanamh –
Stop! Féach arís!

ScnØd: an explanation

My name is Sklog.
I have lived almost ninety years.
Trillish is my mother tongue.
I am speaking into a machine.
I cannot write the language.
We never had the letters for Trillish.
My death will be
The death of Trillish.
Not another living soul knows it.
But these few words
Will be there for those to come
If they wish to hear.
We have words in Trillish
That I make out others don't have.
ScnØd, for example,
ScnØd means … well, it's complicated …
There's a tree called the ko-eewa.
It blossoms only once every twenty years –
Beautiful red flowers.
It blossoms and then the flowers fall that same evening.
You can make a kind of tea from the leaves
That cures purple clouds in the mind.
Now, the meaning of ScnØd is this:
Imagine the sunrise blazing up on the horizon.
You look out and the ko-eewa is in blossom!
You begin to dance a few steps.
Stop! Look again!

Níl ann ach solas na gréine ar ghéaga loma.
Seachmall. Féachann tú an treo eile ansin.
Níor mhaith leat bheith ag féachaint rófhada ar rud nach
bhfuil ann.
Míniú cruinn ar ScnØd:
An ko-eewa faoi bhláth, mar dhea,
Damhsa beag áthais, athfhéachant ar an gcrann
Agus iompú do radhairc uaidh.

Only sunlight on bare branches.
A phantasm. Then you look the other way.
You wouldn't like to stare at something that's not there.
The exact meaning of ScnØd:
The ko-eewa in blossom, apparently,
A little dance of joy, looking again at the tree
And looking away.

Seán Ó Conaill

Chím anois lem shúile cinn é
Sa bhlár
Agus – cheal lucht éisteachta –
Scéalta á n-aithris aige leath os ard
Ar eagla iad a ligint i ndearúd.
Tagann an ghaoth de rúid
Agus beireann léi ruthag dubhfhoclach chun siúil.

Fir na scéal bhfada
Faoin bhfód
Is ina dteannta
Mac Rí na Gréige
Fionn agus na Fianna
Laochra is leannáin a mhair anallód.

An gcaithfidh siadsan síothlú
Chun ligint dúinne análú?

An Ghlas Ghaibhneach
Rí na gCat
Madra na nOcht gCos
Tarbh an Cheo
Seabhac na Faille Fuaire ...
Stadfad dem liodán.

Rangartach fir i ngort
Scéalta ársa á ríomh aige dó féin
Roimh dhul fé don ngréin.

Seán Ó Conaill, storyteller

In my mind's eye I have him now,
Out in the open
And – for the want of an audience –
Muttering stories to himself
For fear they'd slip from him altogether.
A sudden foray of wind
Snatches a runic pattern of words.

The men with the long stories
Are in the grave
And along with them
The Son of the King of Greece
Fionn and the Fianna
The heroes and lovers of other times.

Must they fade away
To allow us breathe?

The Grey White-Forked Cow
King of the Cats
Eight-Legged Dog
Bull in Mist
Hawk on Cold Cliff …
Here's an end to the litany.

A rangy man in a field
Rehearsing ancient stories
Before the sun sets.

Selbstporträt

Féinphortráid mar chrogall?
Mar nach mbíonn ach cuid díom le feiscint
Os cionn uisce?
Nílim sách marfach.
Féinphortráid mar mhoncaí?
Mar go gcuirim daoine ag gáirí?
Cuirim mé féin ag gáirí. Sin uile.
Féinphortráid mar bhéabhar?
Mar gur saothrach dícheallach mé i gcónaí, ó dhubh go
   dubh?
Ach fan – is maith liom crainn. Ní leagfainnse crann.
Nach bhfuil ainmhí éigin dúchasach ann
A fhreagraíonn dom mheon?
Earc luachra?
Mór mo náire! Ní fhaca mé earc le mo bheo.
Raidht, déanfaidh sé cúis go seoigh.

Self-portrait

Self-portrait as a crocodile?
Because only my snout
Remains visible above the surface?
But do I have that lethal quality?
Self-portrait as a monkey?
Because I make people laugh?
I make myself laugh. Pure and simple.
Self-portrait as a beaver?
Because I'm a dawn-to-dusk worker?
But hang on – I like trees. Couldn't knock one.
Isn't there some indigenous creature
Could double for my inner self?
 A newt?
I'm bluffing. Never saw one, to tell the truth.
Still, it has to be the perfect choice: a newt.

Ní mian léi an fhilíocht níos mó

I bhfaiteadh na súl dhíbir sí na seabhaic
Na fiolair is na leoin
Ise a bhíodh chomh taithíoch sin
Ar an gcreach aoibhinn a d'aimsítí faoi luas.
Chuir teitheadh ar na leamhain
Ní chloistear a n-impí fhaiteach ar a fuinneoga
Níos mó,
Ina gceann is ina gceann
Stoith sí na bláthanna scréachacha
Is an ceannabhán:
Ní mian léi an fhilíocht níos mó;
Ní sásamh di, ní corraíl anama
Ní riachtanas dá meon –
Tá a saol curtha in ord.

D'fhéadfaí scaradh gan dua
Le duine atá imithe le prós an tsaoil
Ach gur cuimhin leat meadaracht a brollaigh
Comhfhuaim is athrá d'ainm ar a béal –
An caesúr doráite sula maidhmfeadh sí féin ina dán.

She has gone beyond poetry now

In the blink of an eye she has banished the hawks
The eagles and the lions
She who knew so intimately
The beauty of prey taken in flight.
She has chased away the moths
Their timid pleadings are heard at windows
No longer,
One by one
She plucked the shrieking flowers
Even the bog cotton:
She has gone beyond poetry now;
It doesn't satisfy her, nor does it stir her soul
Or answer to her needs –
She has put her life in order.

It would be easy to part company
With someone now immersed in the world's prose
Except that you remember the rhythm of her breasts
The consonance of your name repeated on her lips –
That caesura beyond words before she blossomed
   into poetry.

Uaireanta is fear bréige mé

(i)

Uaireanta is fear bréige mé,
Scanraím mé féin –
Céasann mo bhréaga féin mé.

Bain mo chuid éadaigh díom
Srac as a chéile iad
Cuir m'ionathar trí thine
Go gcloise mé scréach péine
Mo bhreithe.
Shiúlfainn tríd an saol ansin im bhladhm
Labhróinn i dteangacha tine
Dhéanfainn damhsa ag aontaí
Scanróinn páistí
Cad nach ndéanfainn!
Lingeadh san aer im chaor aduaidh
Im réalta reatha trí Bhealach na Bó Finne.
Uaireanta …

(ii)

Tagadh an fiach dubh
Piocadh sé na súile asam
Dhéanfainn gáire dubh dóite ag bainis
Thabharfainn léim as mo chraiceann ag baisteadh
D'íosfainn an féar glas!
D'ólfainn mún an ghiorria!
Is fear bréige mé

Sometimes I'm a scarecrow

(i)

Sometimes I'm a scarecrow,
Scared of my self –
My own lies torment me.

Strip me of my clothes
Tear them to pieces
Burn my entrails
That I may hear the agonized
Cry of my birth.
I would move then as a flame through life
I would speak in tongues of fire
I would dance at fairs
I would frighten children
What would I not do!
Traverse the sky as northern lights
As shooting stars from the Milky Way.
Sometimes ...

(ii)

Let the raven come
Let it pluck out my eyes
I would make a black comedy of a wedding
I would jump out of my skin at a christening
I would eat grass!
I would drink hare's piss!
I am a scarecrow

Idir neamh agus talamh
Dall ar mo chinniúint
Ní fios mo ghinealach
As foirnéis m'anama
Éalaíonn splancacha
Trím shúil.
Uaireanta is fear bréige mé …

(iii)
Ní cás liom an cloigeann seo
A thuilleadh –
Fág orm an hata, ámh,
Rachainn faoi lámh an easpaig
Bhainfinn na fáinní dá mhéara
Cheannóinn roinnt builíní aráin
Móide dhá iasc leasaithe
Is d'fhanfainn le míorúilt
Nó go mbeinn stiúgtha.
Uaireanta is fear bréige mé,
Scanraím mé féin –

(iv)
Cé a leath tarra ar mo theanga
Agus cleití?
Fastaoim!
Labhróidh an ghaoth tríom
De shíor
As gach aird
Scéalta seaca
Lucht taistil
Scéalta na dteifeach is na bpobal gan díon.
Uaireanta is fear bréige mé,
Scanraím mé féin –
Céasann mo bhréaga féin mé.

Between heaven and earth
Blind to my fate
My provenance unknown
From my soul's furnace
Sparks break free
Through my eyes.
Sometimes I'm a scarecrow ...

(iii)

My head doesn't matter
Any more –
But leave me my hat.
At Confirmation
I would steal the bishop's ring
I would buy loaves
And two salt fish
And wait for a miracle
Until I was famished.
Sometimes I'm a scarecrow
Scared of myself –

(iv)

Who tarred my tongue
And feathered it?
Who cares!
The wind will speak through me
Always
From all points
Icy stories
Travellers
Stories of refugees, of the homeless.
Sometimes I'm a scarecrow,
Scared of myself –
My own lies torment me.

(v)
Iompair chun na habhann mé
Abhainn na Bóinne
An Níl
Tum sa Ghainséis mé
Nó in Abhainn na hIordáine:
Thaistilíos trí thine
Trí dhíseart
Is thar leac oighir
Im dhícheannach dílis
Dar Duach!
Éilím faoi dheoidh bruach!

(v)
Bear me to the river
The Boyne
The Nile
Immerse me in the Ganges
Or in the Jordan:
I have travelled through fire
Through desert
And across ice
Headless and faithful.
By Heaven!
I claim a final haven!

Cléithín

Ba gheall le mionsamhail
De dhealbh éigin de chuid Calder
An cachtas agat sa chistin,
Rian do bhanaltrachta ar a leathláimh leonta –
Cléithín!
Ní fhaca
Is ní dócha go bhfeicfead choíche
Cineáltacht mar é
Do ní briogadánach.
Dhoirtis grá
Is bhí an uile ní faoi bhláth.

Splint

It was like a miniature
Sculpture by Calder,
Your cactus in the kitchen,
Your nursing plain on its wounded arm –
A splint!
I doubt that I'll see again
It's equal for kindness to prickliness.
You poured love
And everything blossomed.

Syójó

(Saghas órang-útain é an *syójó* atá an-cheanúil ar fhíon ríse, nó *sake*.)

Táim ag iompó amach im syójó
Ní aithním mé féin sa scáthán.
'Nach mbearrfá thú féin, a Dhaid!'
A deir m'iníon liom,
'Níl aon oidhre ort ach Bodach an Chóta Lachtna.'

Huth!
Chuas go dtí an sagart.
D'éist sé le m'fhaoistin.
'Tá boladh an óil ar t'anáil,' ar sé.
'Tá's agam é, a Athair,
Is syójó mé ... '

Mmm ...
Ní haoibhinn beatha an tsyójó.
Ar lorg ár n-íomhá féin sa *sake* a bhímid
Ach is minice ná a chéile
Sinn ag stánadh ar chuach fholamh
Is á rá linn féin:
'Cár imigh an *sake*?
Cá ndeachaigh an t-am?
Bíodh braoinín eile againn
Cíoraimis cruacheisteanna na cruinne.'

Hath!
An bhfuil cathair ar domhan –
Salt Lake City, Cathair na Vatacáine féin –
Nach bhfaighfeá an syójó ann suite ar a stól?
Ní i muinín teanga rúnda ná geáitsí a bhímid

Syójó

(A *syójó* is a kind of orang-utan who is very fond of *sake*, or rice wine.)

I'm slowly turning into a syójó.
There's a me in the mirror I don't want to know.
'Please, Dad, have a shave,'
My daughter groans at me,
'My friends are calling you Mr Hyde.'

Smartass!
I went to the priest.
He heard my confession.
'You stink of drink,' says he.
'Father,' says I, 'I know.
I'm a syójó … '

Mmm …
Syójós don't have it easy.
We search for ourselves in the *sake*.
But more often than not
We can be found staring into an empty goblet
Muttering to ourselves
'For God's sake, where's the *sake*?
Where has the time gone to?
We'll have the one more
While we set the world to rights.'

Listen!
Of all the cities in all the world –
Salt Lake City, even The Vatican –
Is there one without a syójó glued to a bar stool?
We don't need passwords or a secret handshake

Chun comhluadar a chéile a aimsiú:
Bolaímid tart a chéile …
Is minic nach bhfeiceann saoránaigh in aon chor sinn …
Agus pléimid na mórcheisteanna fealsúnachta úd
'Cár imigh an *sake*?
Cá ndeachaigh an t-am?'
Hó hó!

Mar aithníonn syójó syójó eile.
Is den chlann chéanna sinn.
Socraíodh ár ndán i bhfad siar.
An teas a ghin sinn
Faoi sciortaí na mban a adhnadh é
Mná na ngort ríse go glúine san uisce
Ardaíonn duine acu a ceann de gheit
Díríonn méar thais ar scáil
Agus le teann sceimhle, mar dhea,
Béiceann ar an mbean in aice léi:
'Seachain! Chugat an syójó … '
Scairteadh gáire. Macalla an gháire úd a mhúnlaigh sinn.
Is aer sinn. Is leacht.
Fut fat!
Ní mheallann an saol sinn
Ná nósanna an duine.
Ní maith linn galf.
Más ait libhse an syójó
Conas nach ait libh sibh féin?
Nó an agaibhse atá freagra na ndúcheisteanna,
'Cár imigh an *sake*?
Cá ndeachaigh an t-am?'

Faugh-a-baladh!

116

To find our own congenial company:
We smell the drought from one another …
Sometimes the real citizens don't even see us …
We debate the big subjects
'For God's sake, where's the *sake*?
Where has the time gone to?'
It's a real howl.

It takes a syójó to know a syójó.
We're all the one crowd, from away back.
Our genes were modified ages ago.
The heat that we were conceived in
Was generated under women's skirts,
Women in rice paddies up to their knees in water.
One of them jerks her head up with a gasp,
Points a dripping finger at a reflection,
And with the height of terror, supposed to be,
Lets a screech at the woman beside her
'Mind yourself! Syójó fancies you … '
Peals of laughter. The echoes of that laughter shaped us.
We are air. We are liquid.
Rhubarb, rhubarb, rhubarb!
Success means nothing to us.
Our social skills are zero.
We don't play golf.
If people like you find syójós like me strange
How come you don't find people like yourselves strange?
Or do you have the answers to the big questions:
'For God's sake, where's the *sake*?
Where has the time gone to?'

Go on ya boya!

Teilifís

(faoi m'iníon Saffron)

Ar a cúig a chlog ar maidin
Theastaigh an teilifís uaithi.
An féidir argóint le beainín
Dhá bhliain go leith?
Síos linn le chéile
Níor bhacas fiú le gléasadh
Is bhí an seomra préachta.
Gan solas fós sa spéir
Stánamar le hiontas ar scáileán bán.
Anois! Sásta?
Ach chonaic sise sneachta
Is sioráf tríd an sneachta
Is ulchabhán Artach
Ag faoileáil
Os a chionn.

Television

(about my daughter Saffron)

Five o'clock in the morning
And she wanted television.
Was I going to argue
With a two-and-a-half-year-old madam?
Downstairs with us
Didn't bother to dress
And the room was perishing.
Still pitch-dark
We stared wide-eyed at the white screen.
Okay? Satisfied?
But she could make out snow
And a giraffe through the snow
And an Arctic owl
Gliding
Overhead.

An Búda

Cén fhaid a ghabhais, a Bhúda,
Nó cén fhaid is féidir tú a leanúint?
Loiscis thú féin in Nírvána, lastall ar fad,
Lastall díot féin, Gautáma,
Is le teann comhbhá
D'fhágais d'íomhá chaoin id dhiaidh
Aoibh a chuimsíonn yúga i ndiaidh yúga
Íomhá a deir nach rabhais ann
Le loisceadh an chéad lá –
   Siúd thall na sméara dubha
      Ar chac an púca orthu
         Uaigneas na cruinne
            Níl aon ní buan
Ghabhais tharat féin
Chun go gcáithfí cách in iothlainn a gceárma
Ní le hadhradh ataoi
Mar nach dia thú
Chuiris an ruaig ar na déithe go léir
Theitheadar, thiteadar ina bpleist
Ina mbláthanna ag do chosa, do chosa nach gcorrraíonn
Dóigh na focail seo, a Bhúda, go séimh

The Buddha

How far did you travel, Buddha,
Or how far can you be followed?
You immolated yourself in Nirvana, far on the other side,
The other side of yourself, Gautama,
And with the height of compassion
You left your gentle image after you
A smile that comprehends yuga after yuga
An image that says you were not there
To burn in the first place –
                There are the blackberries
                        The pooka shat on
                                The world's loneliness
                                        Impermanence
You went beyond yourself
That all might be threshed in the haggard of their karma
You should not be adored
Because you are not a god
You banished all the gods
Fleeing, they dropped in a faint
As flowers at your feet, your unmoving feet
Burn these words, Buddha, gently

Laoi an Indiaigh dhíbeartha

Agus tugadh dúinn gainiúlach; chuaigh ár ndéithe gan deoch;
Thréig cleití a ndath; éanlaith i dtost.
Cár imigh dord an easa a chloisinn gach maidin?
Anseo ag deireadh an aistir ar phlána maol anaithnid
Ná cuir aon gheallúint dhanartha i gcuimhne dhúinn.

Is a mháithrín! Ná nigh t'ucht arís go lá an bhrácha.
Fág faoi chuileanna an poll uisce.
Tá an chríoch seo morgtha, gach a mbaineann léi cadránta
Tráth ina grianbhrú do mhaicne an phóir rua.

Dáileadh amach cré lenár muintir a adhlacadh:
Séideann an ghaoth; slogaim smúsach cine;
Deoch ar son Dé!
Neart le deoir a bhrú as cachtas.

Fuaireamar balcaisí nua d'fhonn ár náire a cheilt;
Tá teampall an phobail ar lár; an tótam i ngreim an tseaca.
Tá an ghrian feannaideach; an bháisteach rí-ingneach;
Gorann sneachta an pheilt; tá an t-oighear peannaideach.
Is a mháithrín! Mo mhocaisíní leathair ... cár fhágais iad?

Labhraímid teanga eile a thachtann sinn
Níos mó ná síoraiseag smúite an talaimh bhánaithe.
Fuaim na gcos ag damhsa, ró-annamh, róleochaileach,
Gliogar glan á chur le seanfhonn eolchaireach!

The lay of the displaced tribesman

And we were given desert; our gods went thirsty;
Feathers abandoned their colours; a silence of birds.
Where is the waterfall's resonance that used waken me
  each morning?
Here at the journey's end, on a bare nameless plain.
Do not remind us of any cynical promise.

And my poor mother! Do not wash your breasts again
  until doomsday.
Let flies invade the waterhole.
This country is petrified, all its faces flint
That once was a paradise for the red man.

They doled out clay to bury our people:
The wind blows; I swallow the marrow of a race;
A drink for God's sake!
Strength to wring drops from cactus.

They gave us new clothes to cover our shame;
The people's temple is razed; the totem seized by frost.
The sun is skinning; the rain is claws;
Snow clothes us; the ice is torture.
And my poor mother! My moccasins … where are they?

We speak a different language, that chokes us
More than the endless dust spewing from the ravaged land.
The thud of dancing feet too rare, too lifeless,
An old air of exile becoming pure jingle!

Tobac saor ag sreamacháin athmheilte go fulangach,
Seanchanna stáin ag glacadh seile go buíoch.
Bíonn fonn orm é a stracadh as a mbéalaibh:
Ní linne an ithir; ná santaigí a toradh níos mó!
Ní sinne a bhí ag fionraí nuair a d'fhás an planda aníos.
Eireabaill fhrancach, ionathar na baidhbhe –
Sin agaibh an phroinn is ceart a leagfaí os ár gcomhair.

Guímse gach uair a chímse an bogha síne:
Nár scalla an ghrian a thuilleadh mé,
Nár thé mé beo i gcill;
Nár lige na déithe thar a gcluasa
Achainí ghoirt na treibhe deoraí.
Ach tá mo phaidir truaillithe ag béarlagair stróinséartha,
Ní fiú tráithnín mo ghuth: gairimse feasta ar ainspridí!

Chuala mo mháthair mé ag caint le nathair shligreach
Is lig sí ollgháir aisti le heagla.
Ach bímse ar thóir na beatha ó dhubh go dubh go
    díochra,
Slite maireachtála nár cleachtadh anseo fós.
In ionad tua catha chífir fogha geal an ghruagaigh,
I m'aonar gan im thimpeall ach an mhá dhearóil.
An chreach a bheirim abhaile ní le hithe ná le hól í
Agus roinnim í go flúirseach i ngan fhios do chách.

Ba thuar dóchais dúinn go léir an lá i nDeireadh Fómhair
A d'eitil do dhroim na mbothanna géanna fiáine glóracha.
Seanchailleach a thug faoi deara a dteacht,
B'eo léi amach faoi dhithneas
Ag fógairt do na saoithe: Bígí amuigh, amuigh! Corraíg!

No-hopers passively chewing dole tobacco,
An old tin-can grateful for the spit.
I want to tear it out of their mouths:
No longer do we own the earth; no longer covet its fruits!
It was not we who tended the crop.
The tail of a rat, a vulture's entrails –
There's the food that should be laid before us.

I pray each time I see the rainbow:
Let the sun no longer broil me,
Let me not be buried alive;
Let not the gods ignore
The bitter pleading of the exiled tribe.
But my prayer is corrupted by unfamiliar dialects,
My voice is blown tumbleweed; now I invoke evil spirits.

My mother heard me speak to a rattlesnake
And she screamed in terror.
But I search for life morning, noon and night,
Ways of living never yet practised here.
Instead of a tomahawk you'll see the lightning dart of a
    wild man
Alone, surrounded by a desolate plain.
They prey I bring home is not for eating and drinking
And I spread it freely around, without anyone knowing.

That was a great omen, we thought, in October
When the clamorous wild geese flew over the tents.
It was an old woman who noticed them
And ran out, alive with urgency
Yelling at the elders: Come out, out! Hurry!

Is d'fhéachamar béaloscailte ar an slógadh ag dul thart.
Ba gheall le meitheal gaiscíoch iad ag triall chun catha
Nó le buíon ag sealgaireacht, nó le sluaite na sean
As gach aird ag teacht chun cruinnithe.
Thosaigh fear ag útamáil le bolgán saighead –
Nár leagas ar an toirt é:
A mhuintir ionúin, ná tuigeann sibh? Teachtairí
Iad seo a chuir na mairbh chugainn chun fóirthint
ar ár mbroid!

Ach níor athraigh an saol; tá fós an ghannchuid;
Fós an fuath; táthar fós ag caitheamh seile;
Táimse fós ag bailiú orthanna; tuigim anois caint mhín
na gcloch.

Tá scamaill agus spéartha loiscithe imithe go smior ionam
Ach fós ní bláth ach seirfean é ar phréamhacha m'anama.

Tá lúireach na ngadhar péinteálta ag an ngriothal,
Is leasc leo dreancaidí a bhaint dá gcraiceann:
Tá cíocha na mban gan teannas, féitheacha ata go mór
Is fada ó chleamhnas acu é, is gar na bearta crua.
Tá fual ag fiuchadh is éiríonn gal ina cheo,
Ní sheasann an mhiúil an bréantas, deineann sí féin sruthán:
An fiolar maol sna hairde, an áit is fearr dó bheith …
Luach pingine dá mhórgacht is bheinn slán.

Tráthnóna gréine bheartaíos go hobann fáil réidh leis an saol,
Deireadh a chur leis – nach raibh sé ídithe cheana féin,

And we looked open-mouthed at the passing host.
They were like a troop of heroes going to battle
Or a gathering for the hunt, or crowds of old men
Assembling from all directions for a council.
A man began to fumble with his quiver of arrows –
I stretched him on the spot:
People of my heart, do you not see? These
Are messengers the dead have sent us to relieve our pain.

But nothing has changed; there is still want;
Still hatred; still we spit;
I still gather spells; now I understand the gentle speech
  of stones.

Clouds and burning skies are in the marrow of my bones
But still my soul blossoms only in bitterness.

The dogs' pelts are painted by the stony soil,
They're too played out to scratch their fleas:
The breasts of the women are limp, their veins are swollen,
Betrothals are forgotten, evil times are close.
Our urine burns, steams into vapour,
The mule can't stand the foulness, makes her own stream:
The bald eagle soars to where it belongs …
A tithe of its dignity would save me.

One sunlit afternoon I determined to finish everything,
Rid myself of it all – hadn't it all shrivelled

Fiú sular rugadh mé? Ní háil liom gothaí eile a aithris,
Ní mian liom bheith alpaithe ag taibhsí, ní thuigim
     géilleadh.
Le caora nimhiúla im ghlaic thugas m'aghaidh ar cheathrú
     iargúlta:
Leath slí dhom chun na háite labhair cadhóit ón gcnoc.
Theith an ghrian;
D'fháisceas an upa de gheit, doirteadh an sú; b'éigean dom
Filleadh ar an mboth
Sneácha im ghruaig beag beann ar thadhall na buartha.

I gcathair ghríobháin na hoíche chíoras caint na cadhóite
Ag tagairt do thréas is do threascairt na moingeanna
Is dhein sé maitheas éigin di scaoileadh le tocht
     réabhlóideach:
Cloisim táinrith na mbuabhall, blaisim deatach im
     sceadamán,
Chím maighdeana ciapaithe cróilítheach
Is faighim boladh an uile ní mar réamhfhianaise Ifreanda.

Allas tríom go tiubh; báite ionam féinig,
Peyote, an peata, ag tabhairt fúm le bioráin síoda.
Fan amach uaim!
Crithleon a thugas dom féin ... snáitheanna á stracadh
Braithim fuacht. Lomnocht
Gach uile bhall dem chorp athraithe –
Meall ildaite, lúbarnach
Is breacaithe air
Dinnseanchas an fhásaigh:
Conas mar a bhláthaigh sé na céadta ó shin faoi rath ...
Béabhair ramhra – b'iad a mheall an strainséir,

Even before my birth? No more pretence,
No more being swallowed by ghosts, no more surrenders.
Bearing poisoned berries, I headed for a remote part:
Halfway there a coyote spoke from a hill.
The sun fled;
I squeezed the potion, the juice spilled;
I had to return to the tent
The nits in my hair oblivious to the immediacy of sorrow.

In the labyrinthine night, I combed the coyote's words,
That touched on treason and the laying waste of the prairies
And she got relief from uttering her subversive passion:
I hear the buffalo stampede, I taste smoke in my throat,
I see virgins tormented to infirmity
And I smell the whole world as a foretaste of Hell.

Sweat engulfs me, I drown in myself,
Peyote, the pet, insinuating silken pins into me.
Leave me alone!
I wounded myself … threads snapping,
Cold. I'm cold. Stark naked
Every part of my transfigured body,
A multicoloured, writhing mass
Overlaid
With the lore of desert places:
How it blossomed, centuries ago, prospered …
Plump beavers … they lured the stranger,

Anglaití, bric, seamair an phlúir bháin.
Dásacht na gcoimhthíoch a d'oibrigh an claochló
Trí chamastaíl rugadar an samhradh.

Shocraíos i dtámhnéal
Go mothallóinn na creatlaigh
Go nglaofainn as na huaigheanna iad
Go stracfainn as a dtuamaí iad
Go dtreabhfaimis le chéile clár dóite seo an áir ...
Ach ní rabhadar san le tathant ón bhFiach Síoraí.

Fágadh sinn gan salann an geimhreadh d'imigh tharainn,
Cailleadh ceathrar calma ag lorg brosna san Fhothair Mhór
Ba dhoiligh an dreach ar leanaí,
Ba shuarach an chuileachta a dhéanfaidís le bata nó le
   cnámh.
Seanchailleacha ag rámhaillí
Níor labhair na fir ach nuair ba ghá.
Cá bhfuil aoibhneas an gháire a mhaolódh an aicíd?
Im chroíse? Tá an fhirmimint chlogach ag cur fola le neart
   trua!

Theip ar an arbhar i mbliana; milleadh gach acra;
Tá cabhair ón Stát geallta, ní fhacamar fós a rian.
Chuaigh scór go dtí Nua-Eabhrac, d'fhanadar sa chathair sin,
Bhí folús géar is briseadh croí ina ndiaidh.

Anocht tá stoirm ghainimh chugainn, tagtha gan choinne,
An chéad rud a leagadh ba ea an canna stáin;
Scuabadh amach sa doircheacht é ar luas an Chapaill Iarainn,
Thóg sé brí mo mhuintire leis is sciob sé críoch an dáin ...

Monkfish, trout, clover.
The stranger's presumption changed it forever,
Treachery stole the summer.

In a dream I determined
To revive the skeletons
To summon them from their graves
To drag them from their tombs
To plough with them the scorched plain of slaughter ...
But they were not to be persuaded from the Eternal Hunt.

They left us without salt this last winter,
Four braves perished searching for kindling on the Great
  Bluff,
Children's faces were hostile,
They played little with sticks or bones,
Old women raved,
Men spoke only when necessary.
Where is the joy of laughter to soothe this affliction?
In my heart? The blistered sky bleeds with pity!

The corn failed this year; every last acre destroyed;
The Government promised aid, no sign yet.
Twenty went to New York, stayed in the city.
They left a vacuum, heartbreak after them.

Tonight there is a sandstorm, out of the blue.
The first thing to go was the tin can;
It was swept away into the darkness with the speed of the
  Iron Horse,
And took my people's essence, and stole the end of the
  poem ...

Luscaí dorcha d'anama

Shiúlainn féin gan scáth
trí luscaí dorcha d'anama
áit a luíonn faoi thost gan bhuairt
cnámha do shinsear romhat:
is beirse, leis, lá éigin,
cailceach faoin bhfód.

Roghnaís an bheatha mharbh
thar bhás beo i m'fhochairse,
sea, bí ag ithe is ag ól!
Ramhróidh tú péisteanna fós!

Glac uaimse é, gan aon agó
críonfaidh tú os mo chomhair.

Ach gheobhadsa bás, a bhean chóir, romhat
is coinneod
suíochán duit ag an mbord alltarach,
ag ól a bheimid is ag seanchas go headra
faoi na hoícheanta úd anallód
nuair a shiúlainn féin gan scáth
trí luscaí dorcha d'anama.

The shadowy crypts of your soul

Without misgivings I frequented
the shadowy crypts of your soul
where in silent repose
the bones of your ancestors lie:
and one day you also
will whiten under the sod.

You have chosen death in life
before life in death with me.
So! Eat, drink and be merry!
You'll fatten worms yet!

Listen, and mark my words. You will
shrivel before my eyes.

But I will die, my good woman, before you
and I will reserve
a placc for you at that ghostly table
where we'll drink and reminisce until morning
about those long ago nights
when, without misgivings, I frequented
the shadowy crypts of your soul.

Báisteach ó Dhia chugainn

ionsaíonn báisteach díonta
glanann aeróga teilifíse,
tugann léas nua beatha
d'fhéar a bhíogann trí tharramhacadam.
ba dhóigh leat nach n-éalódh ón uisce íon
aon ní go fiú frídín:
canann píopaí is caidhséir
an cantata seo a thit ón spéir.

Thank God it's raining

rain pitches into roofs
scours television aerials,
gives a new lease of life
to grass poking through tarmacadam.
not even the tiniest germ, you'd think,
could survive this intense purity:
drainpipes and channels
sing celestial cantatas.

Dom chomhfhilí

Tuigeann sibhse go maith
Nuair a théim ag iascach dánta
Chomh dócha lena mhalairt
Go ligim don iasc éalú!
Bronnaim oraibhse na héisc nár cheapas
Don lá a mbéarfaidh ocras oraibh ...

Tráth mheasas go raibh cearta iascaireachta ag cách,
Dá mbrisfí dorú ar dhuine againn
Nó dá gcaillfí baoite
Ná raibh le déanamh ach –
Ach chím anois nach amhlaidh atá.
Chím lorg buataisí sa láib
Nach n-aithním
Agus scáil ar an mbruach thall
Nach mbeannaíonn dom

Deasghnátha aonair i nglaise maidine.

To my fellow poets

You all know very well
That when I go angling for a poem
As like as not
I'll let the fish escape!
I present you with the ones that got away
Against your hungry times.

Once I thought fishing was free for all,
That if someone of us broke a line
Or a lure got tangled
You'd only have to –
But now I know different.
I see bootprints in the mud
That I don't recognize
And a shadowy figure on the far bank
Who casts no greeting towards me

Solitary rites in the cold stream of morning.

Chuig mo chéile atá ag sclábhaíocht ar an bhFalla Mór

Mora dhuit, a Thaoisigh mo chroí is a Thiarna m'anama!
Seacht mí thuirsiúla atá anois ann ó leagas súil ar do
 cheannaithe caomha
Is ó múchadh gach réalta san fhirmimint:
Ceileann an ghealach féin a cuntanós orainn!
Beireann an ghaoth ráflaí uafara aduaidh léi –
Gur gann oraibh rís is gur teirce fós an gráinnín muiléid
Sioc á ghreamú díobh is láib
Dubh an spéir le badhbha
Saigheada na mBarbarach ina gceathanna troma oraibh
Sníonn thar shliabh is thar fhásach
An Falla Mór ina dhragan.

Preasáladh le déanaí a thuilleadh fearaibh
Ón ndúthaigh seo. Ní luafad a n-ainmneacha,
Scoláirí is filí. Dódh a scrollaí.
Ceanglaíodh dá chéile iad
Agus b'eo leo, gan siolla astu, go dúr, ó thuaidh.
Dhá mhí rompu de choisíocht gan bhróg …
 is cad i gcomhair?
Falla idir sinn agus an Tuaisceart Reoite.

An fíor a ndeir siad faoin Hsiung-nú?
Drochrath orthu!
Go n-ithid a bpáistí féin
Má bheirtear amuigh orthu
Go bhfásann clúmh rua ar a mbosa?
Dá soilseodh an ghealach féin anocht

To my husband who is labouring on the Great Wall

I send you greetings, o Lord of my soul and Sovereign of
    my heart.
It is seven long months now since I laid eyes on your
    gentle features
And since then every star in the firmament darkened:
The moon herself hides her face from us!
The wind bears horrific news from the north –
That rice is scarce among you and millet even scarcer
That frost clings to you like mud
That the air is black with ravens
That the arrows of the Barbarians rain down upon you
That the Great Wall slithers like a dragon
Over mountain and desert.

Recent times have seen more men from this area
Pressed into service. I will mention no names.
Scholars and poets. Their scrolls were burned.
They were roped together
And, stone faced, wordless, they set off for the north.
Two months of barefoot walking ahead of them …
    and for what?
A wall to protect us from the Frozen North.

Is it true what they say about the Hseung-noo?
My curse on them!
That they eat their own young
In times of shortage?
That their palms sprout red fur?
If only the moon would shine tonight

Is tusa – a ghile – á breathnú …
An é go síleann siad go seasfaidh sé go brách?
In aghaidh na gaoithe, in aghaidh na báistí,
In aghaidh an tseaca, in aghaidh na mBarbarach?

Tá an tír máguaird faoi riail an uamhain.
Saolaíodh searrach an lá cheana
Agus dhá chloigeann air!

Cothaíonn an ghaoth tréas sna crainn ghiúise.
Léim anglait as an Abhainn Bhuí

Sheas ar an mbruach is labhair i dteanga iasachta:
'Lonraíonn an oíche ó thuaidh
Le cnámha mar Ruball na Lárach Báine.'

Ó d'imigh tú d'éirigh falla crua thart ar mo chroí.
Tar agus leag ar lár é, a Thiarna m'anama, ach go luath.

And you – my heart's gleam – were watching it …
Do they really think it will last forever?
Against wind, against rain,
Against frost, against the Barbarians?

This countryside is under the sway of terror.
Just the other day
A two-headed foal was born!

The wind insinuates treason through the pine trees.
A monkfish jumped from the Yellow River

Stood on the bank and proclaimed in a strange language:
'To the north, the bones of the night
Gleam in the Silver River of the Milky Way.'

Since you went away, a bleak wall has encircled my heart.
Return and demolish it, o lord of my soul. But soon.

Amhrán i mbéal na gaoithe

Ba ghnách leis imeacht leis na scamaill i gcéin sular reodar
sa spéir: an t-aislingeach deireanach ar an saol. Sular
fheoigh na héin, sular stad na péistibh dá dtochailt bhalbh.
A scáil féin á lorg aige i mbior seaca.

Wind song

He would take off with the clouds before they froze in the sky: the world's last dreamer. Before the birds shrivelled, before the worms abandoned their dumb rootings. Searching for his own reflection in a nib of frost.

Zenmhachnamh le haill

(i)
Cnag ar aill
  taisc an macalla
scaoil uait arís
  le gaoth é
go sroisfidh na feachtanna aeir
  Iomchríocha an Artaigh reomhair:
nár bhoga siad go mbeidh an fhírinne i réim
  sa choscairt úr lách

(ii)
Ionamsa
go raibh
cnámha
thaisí na saoithe
tríomsa
go soilsí
a luail
is a bhfadaraí
go brách. Anois,
is choíche

(iii)
Nach líonmhar iad na siollaí
ina sileadh óm bhéal
ó fhoinse aineoil –
A chuilithíní mealltacha
cúbaigí chugaibh féinig!
Filligí ar an bhfuarán feasa
is foinse daoibh
go nífear as an nua sibh
a shiollaí, a ghutaí, a chonsana liom leat
ní liom sibh mar bhladar
siar libh, siar as éisteacht.

Zen meditation at a cliff

(i)

Tap on a cliff
  hoard the echo
leave it go again
  away with the wind
until the currents of air
  lap at Arctic wastelands
let them be until enlightenment holds sway
  over the fresh, tender melting

(ii)

In me
let there be
the bone hoards
of enlightened men
through me
let there shine
their energy
and their forbearance
without end. Now
and forever

(iii)

How plentiful they are, the syllables
that flow through my mouth
from God knows where –
you seductive little whirlpools,
get a hold of yourselves!
Go back to the spring of wisdom
that you bubbled from
to be washed in the new
syllables, vowels, sleeveens of consonants
I can't listen to your old guff
get out of my hearing.

(iv)
In aon fhrása amháin
in aon abairt
in aon fhocal
in aon siolla
i bputh
i mbruasa ar tí oscailt
i mbruasa ar tí dúnadh
i lí na mbruas
is an teanga a líonn na bruasa

Laistiar de na feiniméin sin ar fad –
an smaoineamh!
Agus cé atá ag smaoineamh
nó cé a smaoinigh ar smaoineamh a dhéanamh
sa chéad áit –
cén fáth?

(v)
Nithe ag éirí lasmuigh díom
nithe ag éirí laistigh díom

An cuí iad a smachtú
a rialú, a mhúnlú?

Ith úll. Póg bean.
Abair amhrán.

(vi)
Saighead amháin a leagfaidh an fiolar
san aon iarracht amháin
cad ab áil leat a bheith ag fústráil id bholgán saighead?
Teite atá an t-éan
é cheana féin imithe thar fhíor na spéire i gcéin.

(iv)
In a sentence
in a phrase
in a word
in a syllable
in a breath
in lips about to open
in lips about to close
in the licking of lips
and in the tongue that licks the lips

Beyond all of these fiddlings –
thought!
And who is in thought
or who thought of thinking
in the first place –
and why?

(v)
Inside me, things happening
outside me, things happening

Should they be organized
be ordered, be shaped?

Taste an apple. Kiss a woman.
Give a blast of a song.

(vi)
One arrow will bring down the eagle
with one draw of the bow
why fumble in your quiver?
The bird has flown
has already gone beyond the far horizon

(vii)

Ruaig an grá
agus ruaig an fuath
dallann an grá chomh cliste céanna is a dhallann an fuath
chomh cinnte is atá cluas ar do leiceann!
Ruaig an dáimh, an bhoige
ruaig ina dtáinrith le haill iad –
tráth sléachta agus áir is ea é
le héamh ná héistear

(vii)

Put the run on love
and put the run on hate
love can cheat as cleverly as hate
as surely as you have an ear to listen!
Put kinship, put affection on the run
run the whole herd over the cliff –
this is the hour for havoc, slaughter
close your ears to screams for quarter

Xolotl

Thána ar an saol
athuair
aréir.

An uair seo
faoi chló
Xolotl –
leathchúpla
Réalta na Maidine.

Bhásaigh an duine eile
bás tobann
nár shuaimhneach
agus nár neamhshuaimhneach
mar chríoch é.

De hap a tharla
níor braitheadh
brón
ná pian
cumha
ná scarúint.

I bhfaiteadh na súl
tig linn
athrú:
go deimhin
níl aon tslí
eile ann
dár slánú.

Xolotl

I was born
once again
last night.

This time
in the shape of
Xolotl –
twin brother
of the Morning Star.

The other died
a sudden death
neither peaceful
nor unpeaceful
as an ending.

It was sudden
without sorrow
or pain
sadness
or separation.

In the blink of an eye
we can
change:
in truth
there is no way
but this
to our salvation.

An Xolotl seo
a charann an fia
an fiolar
   an nathair
é leathchúpláilte
lena bpian
lena svae
   lena gcinniúint.

Ainm nua
nó dualgas nua
peirspictíocht
eile.

Cúram ...
bheith léir
i bhfolach.

Sleamhnód uait
go nathairthostach
munar léir duit an méid sin.

Súil liom
ar liobarna
ar leathleiceann liom.

   Is ann
      do chomhluadar
         faoi chlocha
sa ghaineamhlach
scoth na cuideachta
gan éad
ina gcúpláiltear
de shíor
gan chollaíocht
gan dúil.

Xolotl
who loves the deer
the eagle
        the snake
is as one
with their pain
their triumph
        their fate.

A new name
or duty
another
perspective.

A task ...
to be seen
in hiding.

I will slip away from you
snakesilently
if you cannot see that.

An eye
hanging
over one cheek.

        There is
        companionship
        under stones
in the desert
the best of company
without envy
copulating
endlessly
without lust
without desire.

Laghairt thall
a chaoch
súil orm
nach iontach
an oiread sin
fuinnimh á ghiniúint
is á ídiú
ar domhan
gach milleasoicind.

Mé Xolotl
guth an fhásaigh mé
gaibhnithe
le hairgead Véineas
in Éirinn iathghlas
scamall mé
os cionn Fódla
réalta an tráthnóna
a dhúisíonn Banba.

Cé sibhse anois
ar thug mé grá daoibh
nó ar dheineas
éagóir oraibh?
Tagaigí
chun deasghnáth
agus chun sacraimint
an leorghnímh.

Fréamhaithe
mar chachtas
atá an grá ionam
anois
tequila í
m'fhuil.

154

That lizard
blinked
an eye towards me
incredible
the energy generated
and consumed
in the world
each millisecond.

I am Xolotl
voice of the desert
forged
of the silver of Venus
in verdant Ireland
I am a cloud
over Fódla
the evening star
that wakens Banba.

Who now
has been loved by me
or who has been wronged?
Come
to the ceremony
and to the sacrament
of reparation.

Love
is rooted in me
like a cactus
now
my blood
is tequila.

I mbliain
seo ár dTiarna 1992
toirbhrím
mé féin
do scáth Cholambas.

Tar is
ól díom
ól mé
agus an uair
seo
téigh
ar strae
téadh na carabhail
uile ar strae
treabhaidís
Bealach na Bó Finne
seoltar thar Véineas
líontar na seolta
le gaoth
an chosmais

caoinigí ansin
sna doldramaí
a mhairnéalacha
is go dtite
uisce bhur gcinn
ar ghaineamhlaigh
uile
na Meiriceánna
ina bháisteach
mhaithiúnais.

In this year
of Our Lord 1992
I dedicate
myself
to the shade of Columbus.

Come and
drink of me
and this
time
go
astray
let the caravels
all go astray
let them plough
the Milky Way
let Venus be circumnavigated
let the sails be filled
with cosmic
winds

weep then
sailors
in the doldrums
and may every
last tear fall
over all
the deserts
of the Americas
in a downpour
of forgiveness.

Mé Xolotl
éilímse
an oilithreacht
seo
don chruinne seo
an domhan
gan chríoch.

Ar an bhféilire Aisticeach
féach
go bhfuilimid
ag teannadh
leis an mbliain
dhá mhíle
agus a haon déag
nuair a fhógrófar
ré na córa.

Bíodh sceitimíní
orainn!
An croí
a bhí ina chuach
shantach
éiríodh sé ina
fhiolar
tréan
maorga
nach dtitfeadh
néal
go deo air
mar is é uair
na faire anois é
uair

I am Xolotl
I demand
this pilgrimage
for this universe
world
without end.

In the Aztec calendar
see
how we
approach
the year
two thousand
and eleven
the proclamation
of the age of justice.

Rejoice!
the heart
that was greedy
a cuckoo
let it rise
as an eagle
strong
majestic
watching
ceaselessly
without sleep
because now is the time
of watchfulness
the time

an mháithreachais
ní mór dúinn
an domhan
a chothú
an lao
ag diúl
a mháthar
an luíonn ár mbeola
ar a chéile
ionas nach dtig linn
diúl
níos mó?

Guigh mar sin
ar son na boigeachta
agus chun na boigeachta
leag do mhéar
ar do bheola.

Nach lachtach é
an domhan
ina lár
mar a bheadh
tequila
a choinníonn
ar meisce
de shíor
é
ina chúrsa
ina rince
ársa.

for mothering
we must nurture
the world
the calf
suckling
its mother
do our lips
lie on one another
so that we can
suckle
no longer?

Pray then
for tenderness
and to tenderness
lay your finger
on your lips.

How liquid
the world is
at its centre
like
tequila
that keeps it
eternally
intoxicated
in its orbit
in its ancient dance.

Mé Xolotl
go méara na gcos.
D'fhoghlaimíos
conas rince
conas siúl
ar an talamh
mar a shiúlann
an fia
le hurraim.

Tearmann is ea
gach ball
agus tearmann gach ball
dínn féin.

Cé a d'ardódh
fál
nó cé
a leagfadh?

Gráigh
an chloch
mhín
an phúróg
an gallán.

Muirnigh
carraigeacha
pirimidí
cloigthithe

I am Xolotl
to my extremities
I learned
to dance
to walk
on the ground
as the deer
treads
with reverence.

There is sanctuary
everywhere
and every part of us
is sanctuary.

Who would raise
a hedge
or who
would destroy it?

Love
the smooth
stone
the pebble
the monolith.

Cherish
rocks
pyramids
round towers

An chloch
sa toradh
eithne
an chnó
dearcáin

an t-uisce –
srutháin
eas
loch
aibhneacha móra
an sáile

muirnigh
le deora
áthais
iad
athnuaigh
iad.

Muirnigh
na
ceithre
hairde.

Muirnigh
an tuaisceart
is é
i ngaiste an tseaca
an deisceart
áit a bpógann
an ghrian
na clocha.

The stone
in the fruit
the nuts' kernel
acorns

water —
streams
a waterfall
a lake
great rivers
the ocean

cherish
them
with tears
of joy
renew
them.

Cherish
the
four corners.

Cherish
the north
frostbound
the south
where the sun
kisses
the stones.

Muirnigh
éirí
muirnigh luí
na gréine.

Mé Xolotl
réalta an tráthnóna.
chím
na nithe
seo go léir
drúchtsoilseach.

Luímis
ar
an talamh
drúchtmhar.

Sléachtaimis
blaisimis
lenár dteanga
an neachtar sin
a athnuafaidh
na teangacha
ársa.

Labhraímis
gan náire
sna seacht dteangacha.

Is clocha, leis,
iad focail
le muirniú
is focail iad
clocha.

Cherish
the rising
cherish the setting
sun.

I am Xolotl
the evening star
I see
all
of these
clear as the dew.

Let us stretch
on
dewy
ground.

Prostrate
let us taste
with our tongues
that nectar
that will revive
the ancient
tongues.

Words, also,
are stones
to be cherished
stones
are words.

Dá chasta
an ghramadach
is ea
is saibhre
is cruinne
agus is ilchiallaí
an ráiteas.

Tagadh
na teangacha
amach
as na pluaiseanna
na huaimheanna
as na teampaill
na heaglaisí
na moscanna
na sionagóga
as fothraigh
amach
as na huaigheanna
tagadh na teangacha
go léir
anuas
    aníos
anoir
    aniar
aneas
    aduaidh.

The more complex
the grammar
the richer
the truer
the more layered
the utterance.

Let
language
come forth
from caves
from souterrains
from temples
from churches
from mosques
from synagogues
from ruins
come forth
from graves
let all tongues
come
down
      up
east
      west
north
      south.

Fógraímis
comhdháil
na dteangacha
go léir
        seanchas
na n-éan
        filíocht
na ndaoine
        amhráin
na dturtar
        scéalta
lúbarnacha
na n-eascann.

Mé Xolotl
i dtús ár n-aistir.

Na mná Indiacha go léir –
a d'éignigh na *hombres dios* –
m'uilleagán dubh ó –
den treibh
Nahua
        Huastec
Olmec
Totanac
        Mixteic
Zapateic
        Otóimí
Huichol
        Córa
Zacatacan
        Tarascan
tionlacaim ina scuaine piotal iad
'dtí an tigh allais – an *temazcall*.

Let us proclaim
the congress
of all language
          the lore
of birds
          the poetry
of the people
          the songs
of turtles
          the slithery
stories
of eels.

I am Xolotl
at the beginning of our journey.

All the native women –
raped by the *hombres dios* –
m'uilleagán dubh ó –
of the
Nahua
          Huastec
Olmec
Totonac
          Mixtec
Zapatec
          Otomi
Huichol
          Cora
Zacatacan
          Tarascan
I convey them as a line of petals
to the sweat house – the *temazcall*.

Is luífead
sa luaithreach
le linn
an gheimhridh
íosfad
míolra.

Treoracha adhlactha
tugaim daoibh:
adhlacaíg' bhur mairbh
i gcruth gine
sa bhroinn
mar chomhartha
nach críoch
ach athfhás na suthaine é
an cloigeann
soir ó dheas
mar nach scarfar
choíche
sinn
leis an gcré
is máthair dúinn.

(Eadarlúid ina labhraíonn Quetzalcoatl tríom)

'Thána
Thar thonntaibh
Tréana
Trí cheo
Na ndraoithe
I m'éan
Im nathair uisce
Im dhuine
Ón oileán

And I will lie
in the ashes
through the winter
I will eat
vermin.

I give you
burial instructions:
bury your dead
as embryos
in the womb
as a token
that here is no end
but the regeneration of the eternal
the head
towards the southeast
for we will never
be separated
from the clay
that mothered us.

(An interlude in which Quetzalcoatl speaks through me)

'I have come
Over powerful
Waves
Through the mist
Of the magicians
As bird
As water snake
From that island

Fiodhach
        Féarach
Sligeach
        Maighreach
Eachach
Úd
Na lon
        Na mac tíre
Na dtorc allta
        Na laochra
Na laoithe
        Na sléibhte
Na lochanna
        Na n-aibhneacha
Na gcnoc
        Na ngleannta
Na gcarbad
        Oileán an fhraoigh
Oileán an aitinn
        Oileán na saoithe
Oileán na ndéithe
        Oileán na mbard
Banba
Fódla
Éire

Cuireadh
Ar bhóthar
M'aimhleasa mé –
Mise, Quetzalcoatl –
Is dhiúgas an fíon
Faoi chúig

Of woods
    Of grass
Of shellfish
    Of salmon
Of horses
Of wolves
Of wild boar
    Of heroes
Of epic poems
    Of mountains
Of lakes
    Of rivers
Of hills
    Of valleys
Of chariots
    Island of heather
Island of furze
    Island of wise men
Island of gods
    Island of bards
Banba
Fódla
Éire.

I was
Led
Astray –
Me, Quetzalcoatl –
And I drank the wine five times
I drank the wine

Is nimh na mbeacán tríd
Gur ghlaos
Ar mo dheirfiúr
Féin
Ar Quetzalpetlatl
Gur ól sise, leis, faoi chúig
Is gur luíos léi –
Le mo dheirfiúr féin
Ar réaltaí iad a ceathrúna
Is ar gealacha iad
A dhá cíoch
Ag lonrú
Trí scamall báistí
Is go mb'éigean dom
De dheasca an ghnímh uafair sin
Mé féin a chaitheamh
Ar thine chnámh
Gur loisceadh an croí
Ionam
Is mé do mo dhó
Anois go síoraí
Daoibh
Im Réalta na Maidine … '

Hé, a fhánaí,
éist:
               Ahuicpa tic huica –
níl an ní sin
atá á iompar agat
á iompar agat chuige:
do chroí!
ní shoilsíonn sé
trí do
cheannaithe
níl ann
ach

Laced with the poison of toadstools
I called
On my own
Sister
And she drank, too, five times
And I lay with her –
Lay with my own sister
Whose thighs were stars
Whose breasts
Were moons
Shining
Through rain clouds
And I had to
For that heinous act
Throw myself
On a sacrificial fire
And my heart
Was consumed
So that I burn
Constantly
For all of you
As the Morning Star … '

Hey, traveller,
listen:
     Ahuicpa tic huica –
that which
you carry you do not
carry at all:
your heart!
it does not shine
through
your features
it is only

> *yollotl –*

matán –
an rud preabach sin
i d'ucht
sin uile …
neartaigh
ina chroí
bláfar
é –
> *yoltéotl!*

Buaileadh
do chroí
mar bhroinn
aigéin
san áit is doimhne de
is gile cúr
ar a chraiceann
mar dhrithle
réaltaí
a shoilseoidh
oícheanta
an fhánaí:
> *ixtli in yollotl –*

gach aghaidh ina croí
is gach croí ina aghaidh!
chomh leochaileach le bláth
chomh daingean le séad.

Ceol téide
lá samhraidh
í eitilt an fhéileacáin.

yollotl –
a muscle
that throbbing thing
in your breast
that's all …
nurture
it
to be
a blossoming heart –
  yoltéotl!

Let your heart
beat
like the womb
of the ocean
at its deepest
the brightest foam
on its skin
like the shimmer
of stars
that will light
the long nights
of the traveller:
  ixtli in yollotl –
every face a heart
and every heart a face!
delicate as a flower
durable as jade.

The flight of a butterfly
on a summer day
is music for strings.

Ofráiltear
an comhcheol seo
nach gcloiseann aon neach beo
ach Quetzalcoatl
Dósan
don Nathair Chleiteach.

Gluaiseann
an seilide
go rímhall
suas
go barr
an teampaill
chun radharc
a bheith aige
ar an má.

Is paidir é
a rian ramallach
nach gcloiseann
aon neach beo
ach Quetzalcoatl.

Ofráiltear
pobal na seilidí
Dó.

Tuigeann Quetzalcoatl
cantain
na n-éan
maidin
is tráthnóna
agus tuigeann gur Dó féin í.

Let this concerto
that nobody hears
but Quetzalcoatl
be offered
to Him
to the Feathered Snake.

The snail
moves
very slowly
up
to the top
of the temple
to view
for itself
the surrounding plain.

Its slimy trail
is a prayer
heard
by no living being
but Quetzalcoatl.

Let Him
be offered
the congregation of snails.

Quetzalcoatl understands
the singing
of birds
morning
and evening
and understands it is for Himself.

Ofráiltear
pobal
na héanlaithe
Dó.

Mé Xolotl
mé ag liú chun an mhaidneachain
          le háthas
is le húthach
          le sásamh
is le tart.

A ghrian bhuí-órga
a bheatha an arbhair
a bheatha liom
a bhráthair!
A chruthaitheoir
na báistí
is an triomaigh
ionam!

Mé Xolotl
ag borradh chugat
is tú ag dul faoi.

Lorgaím
soilsím
croíthe
Duitse
chun
go mbraithfidh siad
a mbuile
soilseach féin
ionatsa
lá iontach éigin
nuair a chruthaíonn Tú an t-am as an nua.

Let Him
be offered
the congregation
of birds.

I am Xolotl
whooping towards the dawn
        joyful
and parched
        sated
and thirsty.

O golden sun
who nurtures corn
who is my nurture
my brother!
Creator
of rain
and drought
within me!

I am Xolotl
swelling towards you
in your setting.

I search for
and illuminate
hearts
for You
so that
they may sense
their own
illuminative madness
in You
on that marvellous day
You recreate time.

Nár roinneas
an íobairt
libh
nár ghoineas
mo dhá chluas
agus nár chroitheas
braon fola
ar an tine
athlasta?

Mé Xolotl
athbhronntóir
na ndeasghnáth.

Is ag deireadh
an dá bhliain déag
is dhá scór
nár ghriogas
na páistí
um meán oíche
nár thugas
flíp sa chluas
dóibh
ar eagla
go dtitfeadh
a gcodladh orthu
is go n-iompóidís
ina lucha
iad ag creimeadh leo
thall is abhus
sa bhuandoircheacht
ar eagla
go n-iompódh
fearaibh
is mnáibh
ina n-ainmhithe
allta?

Did I not share
the sacrifice
with you
did I not wound
my ears
and did I not sprinkle
drops of blood
on the rekindled
fire?

I am Xolotl
who bestows once again
ceremony.

And at the end
of the twelve years
did I not
excite the children
at midnight did I not
box their ears
for fear
they might
fall asleep
and turn
into mice
gnawing away
here and there
in eternal darkness
for fear
men
and women
would turn
into wild beasts?

(ii)

Ag Ometecuhtlí an síol …

Is é deirid na saoithe
go maireann an Dé-Thiarna –
Ometecuhtlí –
leis féin san arduaigneas.

Ina dhá lámh tá braon uisce
agus sa bhraoinín uisce sin
tá síol beag glas amháin
agus sin é an domhan agaibh
an domhan mór ar fad
in aigéan suite …

Ná tógtar teampall
d'Ometecuhtlí
a deirim libh
ach soilsíodh sé
i ngach tinteán
bíogadh sé
i ngach ball fearga
i ngach broinn mná
go bás
nuair a fheannfar
an fheoil
den chnámh
nuair a shéidfidh
na scianghaotha:
nach glioscarnach an gliogram cos
a dhéanfaidh gach creatlach ansin
le Tiarna an Bháis,
Mictlantecuhtlí
agus a leannán síoraí san,
Mictlantecihuatl.

(ii)

Ometecuhtli holds the seed …

the seers say
that the Lord Divine –
Ometecuhtli –
lives in lofty isolation.

In his hands there is a drop of water
and in that tiny drop
there is a single green seed
and that is the world for you
the wide earthly world
placed in an ocean …

Let no temple
be built to Ometecuhtli
I tell you
but let him glow
in every hearth
let him stir
in every penis
in every womb
until death
when flesh
will be skinned
from bone
when the winds
will be knives
what a scintillating jig
each skeleton will dance then
with the Lord of Death
Mictlantecuhtli
and his eternal lover
Mictlantecihuatl.

Ná caointear na leanaí óga
a cailleadh roimh a n-am
óir diúgfaidh siad
an Lachtchrann sna Flaithis
sula bhfillfidh siad
ar an saol ...

Ná iad siúd a bádh
Agus a ligeann a scíth anois
go féileacánach
in Tlalocan
is iad ag moladh na ndéithe
gan sos
faoin minfhearthainn sin
a chruthaíonn na boghanna síne
sna ceithre hairde.

Moladh go deo le Tlaloc
is lena leannán leapa
Chalchihuitlicue
án ghlas uasal!

Ná iad siúd
arbh íobairt ar fad í
a mbeatha
ar son an chine
mar soilseoidh siad
níos gile ná an fionncheo
os cionn locha
cleití ildaite na n-éan
orthu mar cheannbheart
ina dteachtairí
idir an ghrian
agus an domhan –
fiolair á dtionlacan.

Do not mourn the children
who died before their time
for they will suckle
the Heavenly Tree of Milk
before their return
to the world ...

Neither mourn those who drowned
and who repose now
like butterflies
in Tlalocan
constantly
giving praise to the gods
in that soft rain
that begets rainbows
at the earth's four corners.

Praise without end to Tlaloc
and to his bed companion
Chalchihuitlicue
pure and green and noble.

Neither mourn those
whose whole life
was sacrifice
for their people
for they will shine
brighter than silver mist
over a lake
the multicoloured plumage of birds
their headdress
messengers
between the sun
and the world –
eagles their escorts.

Bíodh bláthanna agaibh
sna tithe
agus bainigí aoibhneas
as a gcumhracht –
ach coinnígí bhur bpolláirí
óna mbarr
mar ní daoibhse
an phribhléid sin
ach do na féileacáin
atá ar cuairt chugainn anall.

Nach méanar don té
a soilsíonn Véineas
ar maidin air.

Ná déanadh sé aon mhoill
ach priocadh sé a dhá chluas
le spíon chachtais.
Cuireadh sé dhá bhraon fola
ar dhá mhéar leis
le hofráil
chun na réalta.

Mar seo leanas
is cóir déileáil
leis an easlán:
    Bíodh an t-othar romhat,
    deilbh de Quetzalcoatl
    ar do chúl.

Éist le comharthaí sóirt
an ghalair.

Idir tú agus an t-othar
leag scaraoid.

Keep flowers
in your houses
and take joy
in their perfume –
but keep your nostrils
away from their tips
for that privilege
is not for you
but for the butterflies
who are our guests from afar.

Happy the one
on whom Venus shines
in the morning.

Let him not delay
but let him prick his ears
with a cactus spike.
Let him place two drops of blood
on two fingers
as an offering to the stars.

Here is the proper way
to treat
the sick:
>   set the patient before you
>   a statue of Quetzalcoatl
>   behind you.

Listen to the symptoms
of the sickness.

Lay a bedspread
between you and the patient.

Cuir glac grán arbhair
i sliogán,
meascán den dorcha
agus den gheal.

Caith ansin
ar an éadach iad.

Má thiteann gráinne amháin
ar ghráinne eile –
téarnamh láithreach

Má thitid
scartha go cothrom
óna chéile –
biseach mall.

Má thitid, ámh,
i ngrúpaí éagsúla
scarfaidh an t-othar
leis an saol seo …

Is bíodh an tÓr Muire
le feiscint um Shamhain
le honóir
Do choimeádaí na reiligí
Xochiquetzal.

Place a handful of corn grain
in a shell
mixing the dark
with the light.

Then throw them
on the bedspread.

If one grain
lands on another –
an immediate recovery.

If they fall
an even distance
from one another –
a slow convalescence.

> If, however, they fall
> in separate groupings
> the patient will depart
> this life …

And let marigolds
be seen at All Souls
to honour
the keeper of relics
Xochiquetzal.